MONICA MEIER-IVANCAN

Meine wunderbare
BASEN
KÜCHE

INHALT

DIE ICONS
BEI DEN REZEPTEN

 Glutenfrei   Vegetarisch  Vegan   Low Carb   Laktosefrei

HALLO, IHR LIEBEN,

ich ernähre mich jetzt schon seit über zehn Jahren basisch und am liebsten würde ich alle anderen auch dafür begeistern. Wer wie ich die Erfahrung machen durfte, wie sehr das, was wir essen, unser Leben zum Positiven verändern kann, möchte das einfach weitergeben. Es gibt im Englischen dieses wunderbare Sprichwort: Hurt people hurt people. Healed people heal people (Verletzte Menschen verletzen Menschen. Geheilte Menschen heilen Menschen). Genauso sehe ich das auch.

Ein Kochbuch zu schreiben, war schon seit Langem ein Herzensprojekt. Denn leider hält sich das hartnäckige Vorurteil, dass gesunde Küche nicht schmeckt. Und viele Leute denken nach wie vor, sich basisch zu ernähren, bedeute, immer nur Kartoffelsuppe zu essen. Oder noch schlimmer: gar nichts zu essen. Dabei ist die basische Küche total vollwertig. Außerdem finde ich es super, dass man auf alle möglichen Arten kochen und sich trotzdem basisch ernähren kann. Basisch klappt mit italienischer Küche genauso wie mit asiatischer oder mit Hausmannskost. Das liebe ich, denn als Mama lege ich großen Wert darauf, dass sich das Ganze auch leicht und unkompliziert in unseren Familienalltag integrieren lässt.

Von meinen Freundinnen und auf meinen Social-Media-Kanälen werde ich immer wieder nach neuen Rezeptideen gefragt. Deshalb und weil ich selbst sehr gern esse, bin ich ständig auf der Suche nach tollen Entdeckungen. Meine Lieblingsgerichte findet ihr in diesem Buch. Ich bin mir sicher: Es ist für jeden Geschmack etwas dabei. Wie so viele Familien haben wir selbst natürlich auch unsere

Basics. Meine Kinder essen zum Beispiel am liebsten Pellkartoffeln und Brokkoli, mein Mann liebt Gemüse aus dem Backofen. Und ich? Ich freue mich, wenn es ihnen genauso gut schmeckt wie mir. Weil ich dann weiß, dass es ihnen gut geht. Und ich muss zugeben, dass ich ein klein wenig auch aus einem ganz egoistischen Grund basisch für sie koche. Ich möchte, dass es allen in meinem Umfeld gut geht, weil ich selbst eine schöne Zeit mit ihnen haben möchte.

Wenn mich jemand bitten würde, in einem Satz die Vorzüge der basischen Ernährung zu erklären, würde ich ihm antworten: Basische Ernährung tut gut, weil sie gesund, fit und zufrieden macht und hilft, die körpereigenen Selbstheilungskräfte anzustoßen und aus eigener Kraft wieder in Topform zu kommen. Und ich würde noch ergänzen: Deshalb ist basisch zu essen für mich nicht nur eine Ernährungs-, sondern eine Lebensform. Durch sie habe ich zu mir selbst gefunden. Ich weiß heute, was mir wichtig ist und was mir guttut. Und ich fühle mich viel jünger und fitter als früher. Daher bin ich überzeugt: Wenn man seinem Körper gibt, was er braucht, kommt die Strahlkraft von allein. Dann hat man automatisch mehr Energie, fühlt sich wohler – und geht mit einer gesunden Ausstrahlung durchs Leben.

Ich hoffe, ich kann euch mit meiner Leidenschaft und Begeisterung für die wunderbare Basenküche anstecken!

Joni Ivancan

WIE BEI MIR ALLES BEGANN

Wie ich dazu gekommen bin, mich basisch zu ernähren? Das ist eigentlich eine ganz witzige Geschichte! Angefangen hat es vor jetzt schon über zehn Jahren. Ich war damals gerade zu Besuch bei meiner Schwester und wir hatten uns beim Abendessen wegen irgendetwas richtig heftig gestritten. An den genauen Grund kann ich mich gar nicht mehr erinnern, ich weiß nur noch, dass es so zwischen uns gekracht hat, dass ich meine Tasche gepackt und mich direkt in den nächsten Zug gesetzt habe. Ich lebte damals in Köln und wollte nur eins: nach Hause.

Am Bahnhof sprang mir im Schaufenster einer Apotheke eine Werbung in dicken roten Buchstaben ins Auge: „Willst du nicht mehr sauer sein?" Ich fühlte mich ertappt. Meinten die etwa mich? Klar, das war unmöglich, aber dieser Satz passte einfach 100 Prozent zu meiner Verfassung. Und weil ich noch etwas Zeit hatte, sah ich es als Wink des Schicksals und schaute, für was da geworben wurde. Es war ein Badezusatz! Etwas verwundert betrat ich die Apotheke, um mir das Produkt näher anzuschauen. Es sah recht unspektakulär aus, aber irgendwie war ich neugierig geworden. Als ich bezahlte, drückte mir die Apothekerin noch zwei Prospekte in die Hand und wünschte mir eine gute Reise.

EINE NEUE WELT

Endlich zu Hause ließ ich mir nach dem ganzen Stress erst mal eine Badewanne ein – und natürlich rührte ich gleich etwas von dem neuen Badezusatz ins Wasser. Ich schnappte mir noch die beiden Prospekte und tauchte ab – und zwar nicht nur ins Wasser, sondern auch in eine faszinierend neue Welt: Ich las von Ursprünglichkeit und Regeneration, dass Babys so eine streichelzarte Haut haben, weil sie neun Monate im Fruchtwasser heranwachsen. Davon, dass so gut wie alles in unserem Organismus nur in einem basischen Milieu optimal abläuft. Dass der Körper daher ständig bemüht ist, Säuren und Schadstoffe zu kompensieren, und welche Rolle die Haut dabei spielen kann.

Ich fand das alles superspannend. Bisher war sauer für mich einfach eine Geschmacksrichtung, und beim Begriff „Basen" bimmelte allenfalls ganz leise etwas. Hatte meine Chemielehrerin nicht irgendwann mal davon gesprochen? Wieso hatte ich damals nur nicht besser aufgepasst? Kurzum: Das Thema hatte mich total gefesselt und daher setzte ich mich, gleich nachdem ich mich abgetrocknet und angezogen hatte, an den Computer und klickte auf die Internetseite des Herstellers dieses scheinbaren „Wunder-Badezusatzes". Und das Aha-Erlebnis ging weiter, denn jetzt erfuhr ich, dass man sich nicht nur mit basischer Körperpflege, sondern vor allem auch mit basischer Ernährung unglaublich viel Gutes tun und seine Gesundheit, seine Fitness und sein Wohlbefinden bis ins hohe Alter erhalten beziehungsweise wiederherstellen kann. Von all dem hatte ich bisher noch nie etwas gehört – und was soll ich sagen? Ich war begeistert! Schließlich war das, worum es hier ging, genau meine Welt.

NIE WIEDER DIÄT

Ich habe mich schon 2006 zur Ernährungsberaterin ausbilden lassen, 2009 folgte die B-Lizenz als Fitnesstrainerin. Bewusste Ernährung und Sport: Beides war schon immer mein Ding. Aber früher ließ ich mich dabei viel zu oft von Äußerlichkeiten beeinflussen. Ich gebe zu, dass ich deshalb auch alle möglichen Diäten ausprobiert und viele zum Teil fragwürdige Trends mitge-macht habe – immer nur mit dem Ziel, schlank zu bleiben und als Modell und im Fernsehen gut auszusehen. Atkins, Paleo, Low Carb: Das habe ich alles hinter mir und tatsächlich hat es kurzfristig auch immer ganz gut gewirkt. Der Grund: Wenn man reichlich Kohlenhydrate wie Pasta, Brot, Süßes und Co. isst, kann der Körper den vielen Zucker darin gar nicht komplett verbrauchen. Also speichert er ihn einfach in einer anderen Form (Glykogen) für später in den Muskeln und der Leber. Dadurch wiederum wird Wasser gebunden: pro Gramm Glykogen mindestens die dreifache Menge Wasser.

Wenn du die Kohlenhydratzufuhr herunterschraubst, macht sich das auf der Waage natürlich schnell bemerkbar, weil der Körper mit dem Leeren der Glykogenspeicher gleichzeitig das Wassergewicht loswird. Allerdings verlierst du das Gewicht nicht unbedingt an den Stellen, wo du es gern möchtest. Auch wenn die Pfunde anfangs nur so purzeln, scheint sich die Waage spätestens nach ein paar Wochen nicht mehr weiter nach unten zu bewegen. Die Glykogenspeicher sind dann leer und es geht an die Fettreserven, die nicht so schnell dahinschmelzen. Das ist der Punkt, an dem viele frustriert sind, deshalb schwach werden und in alte Ernährungsmuster zurückfallen. Ehe man sichs versieht, ist das Gewicht wieder oben. Ich sag nur: Jo-Jo-Effekt. Von diesem Effekt leben in meinen Augen die ganzen Diättrends: Wenn eine Methode nicht funktioniert, muss eben die nächste her. Und die meisten bemerken gar nicht, dass sie damit immer weiter ins Unglück rennen.

Was ich zum Beispiel lange überhaupt nicht wusste, ist, dass ständige Diäten nicht nur die Waage, sondern auch den Hormonhaushalt völlig durcheinanderbringen. Unser Körper ist ein total ausgeklügeltes System. Nur wenn er ausreichend mit allen Makronährstoffen (Kohlenhydrate, Eiweiße, Fette) und Mikronährstoffen (Vitamine, Mineralstoffe, Spurenelemente) versorgt wird, ist auch der Hormonhaushalt schön ausbalanciert. Hormone sind Botenstoffe im Körper und wenn einer von ihnen aus dem Lot gerät, kann das an vielen anderen Stellen ebenfalls ein Ungleichgewicht nach sich ziehen. Das fängt mit zwei Hormonen an, die maßgeblich für Hunger und Sättigung zuständig sind: Ghrelin und Leptin. Wenn vom Ersten zu viel und vom Zweiten zu wenig im Blut „schwimmt", bekommt das Gehirn die Information: „Hallo, es könnte langsam mal wieder etwas zu essen geben." Unser Kopf „antwortet" darauf mit Hungergefühl. Wer jetzt ausgewogen isst, bei dem reguliert sich der Hormonspiegel wieder und alles ist in Ordnung. Diäten jedoch bringen das Hunger- und Sättigungsgefühl komplett durcheinander und führen daher nicht selten zu Heißhungerattacken, die uns ganz schnell alle noch so guten Vorsätze in puncto Ernährung über den Haufen werfen lassen. Womit wir schon wieder beim Jo-Jo-Effekt sind.

Dazu kommt, dass unser Körper bei Radikal-diäten schnell in eine Art Überlebensmodus schaltet – und das ist für ihn mit jeder Menge Stress verbunden. Also schüttet er vermehrt Stresshormone wie Kortisol aus, das wiederum dafür sorgt, dass die Bildung von Zucker aus körpereigenen Speichern angekurbelt wird. Infolgedessen steigt der Insulinspiegel, denn schließlich ist dieses Hormon dafür zuständig, dass der Zucker aus dem Blut in die Zellen ge-langt, wo er verwertet werden kann. Die Krux dabei ist: Solange Insulin im Blut schwimmt, wird der Fettabbau erst einmal gestoppt. Es wird also wieder nichts mit dem Abnehmen.

Wenn der Zucker „verstaut" und das Insulin endlich abgebaut ist, signalisieren die verschie-denen „Messfühler" im Körper gleich wieder: „Hilfe, unser Energievorrat ist verbraucht, wir benötigen dringend Nachschub." Schon hat man wieder Hunger. Alarmstufe Rot für Fressatta-cken! Verkneift man sich tapfer das Essen, geht alles wieder von vorne los. Man kommt so also einfach nicht raus aus dem Teufelskreis.

ALLES AUF ANFANG

Ich wusste auch nie, wie wichtig Fette für den Körper sind, gerade für uns Frauen. Ja klar, Fette gehören zu den Makronährstoffen und sind damit wichtige Energielieferanten, aber eigentlich galt doch immer nur: Fett macht fett. Dabei ist Fett nicht nur deshalb lebenswichtig, weil wir ohne es die fettlöslichen Vitamine A, D, E und K gar nicht verwerten können. Fette versorgen den Körper auch mit wichtigen Fett-säuren, sie transportieren Geschmacks- und Aromastoffe, sind ein Baustein von Zellen und Nervengewebe und dienen als Wärmeschutz. Die Folgen eines Mangels sind dementsprechend recht vielfältig: Wir fühlen uns schlapp, frieren schneller, können uns schlechter konzentrieren. Das Immunsystem schwächelt und wir werden schneller krank. Sogar auf die Produktion der weiblichen Hormone wirkt sich der Mangel an gesunden Fetten aus. Das kann so weit gehen, dass bei jüngeren Frauen die Periode ausbleibt und bei älteren die Wechseljahresbeschwerden zunehmen. No-Fat- und Low-Fat-Diäten sind also ebenfalls nicht das Wahre.

Als ich damals nach meinem ersten Basenbad vor dem Computer saß und mich von einem Thema zum nächsten klickte, habe ich verstanden, dass es mit einer Diät hier und ein paar Kilos Abnehmen dort nicht getan war, sondern dass ich etwas grundlegend ändern musste, wenn ich noch lange jung und fit bleiben und mich schön fühlen wollte. Plötzlich war diese Veränderung auch ganz einfach möglich. Weil ich endlich erfahren hatte, welche Schalter ich umlegen und welche Knöpfe ich drücken musste, um mich in meiner Haut so richtig wohlzufühlen. Seitdem habe ich mich frei gemacht von allen Zwängen und Vorschriften – nicht nur, was das Essen angeht.

Ich weiß noch gut, wie ich mich entschlossen habe, meine Haare abzuschneiden. Meine Freundinnen waren entsetzt. Wie würde sich das auf meine Jobs auswirken? Eine sagte sogar: „Aber Moni, das kannst du doch nicht machen. Dann findest du doch nie wieder einen Mann!" Ich muss echt lachen, wenn ich mich zurückerinnere. Denn ich bin natürlich trotzdem schnurstracks zum Friseur – und nur ein paar Wochen später habe ich meinen Mann kennengelernt, den Vater meiner beiden wunderbaren Kinder.

EINMAL BASISCH, IMMER BASISCH

Vielleicht war das ein gutes Omen, auf jeden Fall bin ich seitdem dabeigeblieben und setze bei der Ernährung voll auf basisch. Meinem Körper gebe ich damit alles, was er braucht, und das, was er nicht braucht, lasse ich weg – meistens zumindest. Denn auch das ist das Tolle an der basischen Ernährung, dass es keine strikten Verbote gibt. Ist der Körper optimal versorgt,

kann er kleine Ernährungssünden nämlich problemlos wegstecken. Ihr müsst daher auf nichts verzichten und das wiederum macht es so einfach. Dass ich damit ganz nebenbei auch mein Gewicht noch besser halte als früher mit den Diäten, ist gar nicht mein erklärtes Ziel. Aber es ist natürlich ein positiver Nebeneffekt! So ehrlich bin ich schon.

Ich bin übrigens längst nicht mehr die Einzige in meiner Familie, die sich basisch ernährt. Mein Mann und meine Kinder ziehen ebenfalls mit. Genauso wie viele Freundinnen. Sie alle haben gemerkt, wie gut ihnen dieser Lifestyle tut und wie toll die basische Küche schmeckt. Erst neulich hat meine Tochter Rosa eine Freundin ganz entgeistert angeschaut, der unsere Bananenbrot-Muffins nicht geschmeckt haben, weil sie nicht so zuckersüß waren, wie sie es gewohnt ist. „Aber was hast du denn?", fragte Rosa, „die schmecken doch ganz normal und lecker. Da sind extra Bananen drin und außerdem sind die mit ganz viel Liebe gemacht." Ihr könnt euch vorstellen, wie stolz ich da war.

Wenn mich heute jemand fragt, was sich für mich persönlich verändert hat, seit ich mich basisch ernähre, kann ich aus tiefstem Herzen sagen: einfach alles. Ich habe über die Ernährungsumstellung zu mir selbst gefunden. Mit 23 war in meinen Augen nichts schlimmer, als 40 zu werden. Heute stehe ich dem Altern positiv gegenüber. Ich genieße, was mir guttut, und fühle mich jünger, fitter und schöner als mit Anfang 20. Wenn ihr so wollt, hat mir also ein unscheinbares Tütchen mit Badezusatz eine ganz neue Welt eröffnet. It's magic!

DIE SACHE MIT DEN SÄUREN: KLEINE KÖRPERKUNDE

Ich fand es schon immer faszinierend, welche chemischen Prozesse rund um die Uhr in unserem Körper ablaufen. Ich wusste früher allerdings nicht, welche wichtige Rolle Säuren und Basen dabei spielen, damit alles einwandfrei läuft und der Stoffwechsel optimal funktioniert. Mit der Säure-Basen-Balance verhält es sich ähnlich wie mit der Körpertemperatur: Sie sollte möglichst konstant sein. Nun ist unser Organismus aber kein starres System, weil wir immer in Bewegung sind und sich auch unsere Umgebung ständig verändert. Damit die Körpertemperatur trotzdem stabil bleibt, schwitzen wir zum Beispiel, wenn es zu heiß wird. Denn der Schweiß auf der Haut verdunstet und das kühlt. Und wenn es zu kalt wird, werden wir zu kleinen Wärmekraftwerken, indem wir zittern oder mit den Zähnen klappern. Dadurch ziehen sich die Muskeln immer wieder schnell zusammen und durch diese Bewegung wird uns warm. Genauso raffiniert, wie sich unser Körper an die unterschiedlichsten Temperaturen anpasst, versucht er auch das Verhältnis von Säuren und Basen stabil im Gleichgewicht zu halten. Denn auch das ist wichtig, damit der Stoffwechsel reibungslos funktioniert, alle Zellen optimal versorgt werden und die Organe ihre Funktion bestmöglich erfüllen können.

SAUER ODER BASISCH?

Ganz viel von dem, was in unserem Körper passiert, läuft nur im basischen Milieu richtig rund. Nur für ganz wenige Bereiche ist ein saures Umfeld wünschenswert. Dazu zählen zum Beispiel der Magen, damit hier bestimmte Nahrungsbestandteile schon vorverdaut werden können, und bei Frauen die Vagina, in der Krankheitserreger abgewehrt werden.

Den Begriff pH-Wert kannte ich, als ich anfing, mich mit der Basenernährung zu beschäftigen, zwar noch aus der Schule, aber was er mit meinem Wohlbefinden, meiner Fitness und meinem Aussehen zu tun haben sollte, war mir nicht klar. Doch tatsächlich ist der Körper nicht nur andauernd damit beschäftigt, alle möglichen Schadstoffe loszuwerden, sondern auch überschüssige Säuren, um innerhalb der geduldeten Grenzen einen stabilen pH-Wert aufrechtzuerhalten. Am wichtigsten ist es, dass der Blut-pH-Wert konstant bleibt. Er sollte ziemlich genau 7,4 betragen, um zu verhindern, dass Enzyme und andere lebenswichtige Eiweiße ihre Struktur verändern und dadurch ihre Funktionsfähigkeit einbüßen. Außerdem würde sich mit dem pH-Wert die Löslichkeit verschiedener Salze verändern, wodurch sie plötzlich Schaden im Körper verursachen könnten. Nicht zuletzt hängt auch die Kontraktionsfähigkeit der Muskeln und die Leitfähigkeit der Nerven vom pH-Wert des Blutes ab. Um zu verhindern, dass die Säuren überhandnehmen und der pH-Wert ins Saure „kippt", verfügt der Körper über verschiedene Puffersysteme. Diese können überschüssige Säure aufnehmen, sie binden und anschließend an

Was ist der pH-Wert?

Wie es um das Verhältnis von Säuren und Basen bestellt ist, lässt sich am sogenannten pH-Wert ablesen. Er gibt die Konzentration der positiv geladenen Wasserstoffteilchen (H+-Ionen) in einer wässrigen Lösung an. Je mehr H+-Ionen eine Lösung enthält, desto saurer ist sie, je weniger H+-Ionen vorhanden sind, desto basischer ist sie.

• Die pH-Mess-Skala reicht von 0 bis 14.

• Ein pH-Wert von 7 gilt als neutral, der Anteil der Säuren und der Basen ist also gleich groß.

• Ein niedrigerer pH-Wert (0 bis 6,9) wird als sauer bezeichnet. Dabei gilt: je kleiner die Zahl, desto saurer die Lösung.

• Ein Wert zwischen 7,1 und 14 ist basisch. Hier gilt nun: je höher die Zahl, desto basischer ist die Lösung.

automatisch gebildet. Gegen dieses biologische Programm lässt sich nichts tun. Daher ist das ewige Auf und Ab für den Körper in einem gewissen Rahmen auch gar nicht schlimm. Durch seine internen Puffersysteme lässt es sich gut ausgleichen. Solange wir jung sind, kommt unser Körper auch mit einem Ungleichgewicht noch ganz gut klar. Doch mit zunehmendem Alter beginnt er zu schwächeln. Dann kann eine unausgewogene Ernährung das „Säurekonto" schnell in die Höhe treiben. Denn beim Abbau von säurehaltigen Lebensmitteln werden regelmäßig H+-Ionen freigesetzt. Dadurch steigt das Risiko für eine latente Übersäuerung oder, wie der Fachmann sagt, eine latente Azidose, die mit der Zeit sogar chronisch werden kann.

WEITREICHENDE FOLGEN

„Krankheit entsteht, weil Körpersäfte ins Ungleichgewicht geraten." Dieser Satz stammt nicht von irgendeinem Esoteriker, sondern von Hippokrates, dem Vater aller Ärzte. Heute weiß man natürlich, dass Krankheiten ganz unterschiedliche Ursachen haben können, sogar solche, die sich manchmal gar nicht konkret nachweisen lassen. Zu diesen zählt auch die Übersäuerung. Säure gehört zwar nicht zu den Lebenssäften, von denen Hippokrates schrieb. Aber auch hier wirkt sich ein Ungleichgewicht zweifellos schädlich auf unsere Gesundheit aus. Unser Körper ist ja sehr eigenständig und versucht daher, die Balance auszugleichen, wenn sie kippt. Bis zu einem gewissen Grad ist das völlig in Ordnung und bereitet normalerweise auch keine Probleme. Der Körper zapft dann auch mal seine eigenen „Basenreserven" an, zum Beispiel die Knochen. Aber auf Dauer kommt es dadurch

die Umwelt abgeben. Das wichtigste Puffersystem befindet sich dabei direkt vor Ort: Bikarbonat. Sein Spiegel im Blut ist relativ hoch, weil es schnell H+-Ionen binden kann. So werden die Säuren in Wasser und Kohlendioxid zerlegt, die dann einfach ausgeschieden werden können: Das Kohlendioxid atmen wir aus und das Wasser wird mit dem Urin ausgeschieden. So lässt sich der Blut-pH-Wert sehr schnell regulieren und bei Bedarf anpassen.

Das alles ist natürlich eine prima Sache, denn es lässt sich überhaupt nicht verhindern, dass beim Stoffwechsel immer wieder Säuren entstehen. Sie sind als Stoffwechselabfallprodukte Teil vieler biochemischer Prozesse und werden damit ganz

Formen der Übersäuerung

Die latente oder chronische Übersäuerung beziehungsweise Azidose ist ein schleichender Prozess, bei dem die Säure-Basen-Balance mehr und mehr aus dem Gleichgewicht gerät. Anfangs ist davon weder etwas zu spüren noch zu sehen, weil die körpereigenen Puffersysteme das Missverhältnis noch ausgleichen können. Wenn man sich jedoch über mehrere Jahre säurebetont ernährt, sind die Puffersysteme irgendwann am Anschlag, sodass sie den Säureüberschuss nicht mehr ausgleichen können und die Basenreserven in den Knochen angezapft werden. Das kann sich in Abgeschlagenheit und Konzentrationsschwäche ebenso zeigen wie in Hautproblemen oder Schmerzen. Die chronische Übersäuerung macht den Körper zudem anfällig für bestimmte Krankheiten.

Die akute Übersäuerung oder Azidose ist atem- oder stoffwechselbedingt und der pH-Wert verschiebt sich dabei plötzlich. Diese lebensbedrohliche Situation ist zum Glück sehr selten. Sie hat nichts mit der Ernährung oder zu viel Stress zu tun.

an anderer Stelle zu Mangelerscheinungen. Man sieht das zum Beispiel, weil die Haare brüchig werden oder die Haut fahl. Die Falten werden tiefer, das Bindegewebe schwächer. Das liegt daran, dass das Wasserbindungsvermögen und die Elastizität abnehmen, wenn die Säuren nicht neutralisiert werden. Der Rücken tut weh, weil die Muskeln und Faszien verhärten, und mit der Zeit nimmt sogar die Knochenmasse ab. Das Osteoporoserisiko steigt und damit die Gefahr für Knochen- und Wirbelbrüche.

Ich hatte früher zum Beispiel immer Probleme mit meinen Nägeln. Sie sind ständig abgebrochen, weshalb ich regelmäßig im Nagelstudio saß und mir Schellack-Nägel machen ließ. Das ist natürlich auch wieder strapaziös für die Nägel, weil beim Ablackieren aggressive Mittel mit Aceton zum Einsatz kommen, die die Nägel ebenfalls brüchig machen. Kein guter Kreislauf. Meine Haare waren ebenfalls extrem pflegebedürftig und Bad Hair Days eher der Normalfall als die Ausnahme. Aber solche Beauty-Probleme gehören zum Glück längst der Vergangenheit an. Seit ich mich basisch ernähre, sind meine Nägel und Haare viel kräftiger. Kein Vergleich! Meine Haut ist ebenfalls besser geworden, der Teint ist klarer und das Bindegewebe schön fest. Was ich aber vor allem gelernt habe: Gute Haut oder kräftiges Haar sind nicht nur Äußerlichkeiten, sondern auch ein Indikator dafür, ob der Körper alles kriegt, was er braucht. Ich bin außerdem überzeugt: Wer eine schöne gesunde Haut hat, fühlt sich in ihr auch wohler. Das strahlst du aus und dementsprechend wirkst du auch auf andere. Das wiederum beeinflusst unsere Emotionen, unser Wohlbefinden – und damit auch unsere Gesundheit. Das Aussehen ist da eher ein positiver Nebeneffekt.

Apropos Wohlbefinden: Wenn zu viele Säuren gebildet werden, fühlt man sich häufig müde, ist leicht gereizt, die Hormone spielen verrückt und die Waage klettert immer weiter nach oben. Auf Dauer kann eine schleichende Übersäuerung sogar chronische Krankheiten wie Asthma, Bluthochdruck, Migräne oder Neurodermitis hervorrufen – oder diese Krankheiten, wenn sie bereits bestehen, noch weiter verschlechtern.

DU BIST,
WAS DU DENKST.
WAS DU DENKST,
STRAHLST DU AUS.
WAS DU AUSSTRAHLST,
ZIEHST DU AN.
UND WAS DU ANZIEHST,
BESTIMMT DEIN LEBEN.

Buddha

BIST DU AUCH SAUER?

Es gibt zwar keine konkreten Zahlen, wie viele Menschen chronisch übersäuert sind. Aber allein schon wegen unserer Ernährungsgewohnheiten kann man davon ausgehen, dass nicht gerade wenige von diesem Problem betroffen sind – die meisten ohne irgendetwas davon zu ahnen. Die folgenden Fragen helfen dir herauszufinden, ob du auch dazugehörst.

Mein Haar ist stumpf, glanzlos und brüchig.

Ja   Nein

Ich habe Schuppen.

Ja   Nein

Mein Haar ist übermäßig fettig.

Ja   Nein

Ich verliere viele Haare.

Ja   Nein

Meine Haut ist unrein und neigt zu Mitessern und Pickeln.

Ja   Nein

Meine Haut juckt oft.

Ja   Nein

Ich bin schnell gestresst.

Ja   Nein

Ich habe brüchige Nägel.

Ja   Nein

Ich habe Cellulite.

Ja   Nein

Meine Verdauung ist schlecht.

Ja   Nein

Ich leide oft an Magen-Darm-Problemen wie z. B. Blähungen oder Verstopfung.

Ja   Nein

Ich habe häufiger ohne ersichtlichen Grund Kopfschmerzen.

Ja   Nein

Muskelschmerzen, wie z. B. Rückenschmerzen, sind für mich nichts Ungewöhnliches.

Ja   Nein

Ich habe Probleme mit den
Gelenken.

Ja 　Nein

Bei mir wurde Osteoporose
festgestellt.

Ja 　Nein

Mein Zahnfleisch ist sehr
empfindlich und/oder
entzündet.

Ja 　Nein

Ich bin oft müde, schlapp
und antriebsschwach,
obwohl ich eigentlich genug
geschlafen habe.

Ja 　Nein

Ich kann mich häufig nur
schwer konzentrieren.

Ja 　Nein

Meine Stimmung
schwankt oft.

Ja 　Nein

Ich habe ein schwaches
Immunsystem und ziehe
mir schnell eine Erkältung
und andere Infekte zu.

Ja 　Nein

Auflösung:

Je mehr Fragen du mit Ja beantwortet hast,
umso größer ist die Wahrscheinlichkeit,
dass deine Säure-Basen-Balance aus dem
Gleichgewicht geraten ist. Höchste Zeit,
aktiv zu werden! Wenn du mehr auf basen-
reiche Lebensmittel setzt und im Gegenzug
die säurebildenden reduzierst, werden die
Puffer wieder gefüllt, dein Körper kann sich
erholen. Lass dich von den leckeren Rezepten ab Seite 38 inspirieren und schau dir
auch die anderen Tipps an, wie du deinen
Stoffwechsel entlastest.

Tipp: Wenn du noch andere chronische
Symptome oder Beschwerden an dir fest-
stellst (beispielsweise Gewichtsprobleme
oder häufige Entzündungen): Schreib sie
auf. Und wenn du ein paar Wochen basen-
reich gegessen hast, wirfst du einfach noch
mal einen Blick auf diesen Test oder deine
Liste. Du wirst erstaunt sein, wie viel sich
geändert hat.

BASENERNÄHRUNG: DIE BASICS

Um einer Übersäuerung entgegenzuwirken, braucht es keine Pillen. Stattdessen könnt ihr ganz einfach mit der Ernährung dazu beitragen, dass euer Säure-Basen-Haushalt im Gleichgewicht bleibt. Denn das, was wir essen, wird ganz unterschiedlich verstoffwechselt – und wer sich nicht auskennt, überfrachtet seinen Körper mit Nahrungsmitteln, die ihn sauer machen und den Säure-Basen-Haushalt kippen lassen.

VOLLWERTIGE ERNÄHRUNG

Unser Körper braucht nicht nur Energie in Form von Kalorien, so wie eine Maschine nicht nur Strom braucht, um zu laufen. Damit alle Rädchen perfekt ineinanderlaufen und von den Muskelzellen über das Gehirn bis zu den Hormonen alles bestmöglich funktioniert, benötigt er auch eine Vielzahl an Makro- und Mikronährstoffen. Es gibt natürlich viele verschiedene Ansätze, wie sich alle Bausteine für eine ausgewogene und gesunde Ernährung in den Speiseplan integrieren lassen, und jedes Jahr taucht irgendein neuer Trend auf. Die basische Ernährung berücksichtigt darüber hinaus aber auch noch, wie ein Lebensmittel den pH-Wert im Blut und in den Zellen beeinflusst, ob es also säure- oder basenbildend wirkt. Damit ist sie in meinen Augen anderen Ernährungsformen noch einmal einen Tick voraus.

Außerdem versorgt die basische Ernährung den Körper gleichzeitig mit allen lebensnotwendigen Nähr- und Vitalstoffen. Weil ihr überwiegend vollwertige, pflanzliche Lebensmittel zu euch nehmt, ist euer Bedarf an komplexen Kohlenhydraten, gesunden Fetten und hochwertigen Eiweißen gedeckt und basenbildende Mineralstoffe sowie gesunde Vitamine gibt es quasi gratis obendrauf. Mir gefällt an der basischen Ernährung auch das Ganzheitliche. Man tut nicht nur seinem Körper etwas Gutes, sondern auch seiner Seele. Und die Umwelt profitiert natürlich auch, weil man sehr viele pflanzliche Lebensmittel isst.

WAS IST DENN JETZT ALLES SAUER?

Was mich anfangs verwundert hat, ist die Tatsache, dass der Geschmack eines Lebensmittels nicht darauf hinweist, ob es im Körper sauer oder basisch wirkt. Denn es kommt weniger auf die Säuren an, die wir schmecken können, als auf die, die beim Abbau eines Lebensmittels im Körper entstehen. Das beste Beispiel dafür sind Zitronen oder Essiggurken. Die wirken nämlich, obwohl sie bekanntlich sehr sauer sind, im Körper basisch. Dagegen gehören beispielsweise Zucker oder Süßigkeiten zu den Säurebildnern. Auch geschmacklich eher „neutrale" Lebensmittel wie Reis, Nudeln und Brot aus Weißmehl oder Eier und Milch werden sauer verstoffwechselt, genauso wie andere tierische Produkte (Fleisch, Wurst, Käse, Fisch). Denn das Eiweiß darin enthält unter anderem Bausteine (Aminosäuren), bei denen im Zuge des Stoffwechsels Schwefelsäure entsteht.

Unsere Lebensweise, allem voran unsere Ernährung, bestimmt also maßgeblich, wie sauer wir sind. Denn egal, ob tierische Eiweiße und Fette,

Zucker, Transfette oder Zusatzstoffe: Ganz viel von dem, was wir essen, verschiebt den Stoffwechsel ins saure Milieu. Auch Stress trägt viel dazu bei und sogar vermeintlich gesunde Dinge wie Sport. Deshalb messen Profisportler auch regelmäßig die Laktatkonzentration im Blut (mehr dazu auf Seite 35). Um gesund zu bleiben, müssen wir also neben den säurebildenden Lebensmitteln immer auch genug basenbildende Lebensmittel essen. Dadurch kommt der Körper wieder in die Balance und kann seine eigenen Selbstheilungskräfte aktivieren.

GRÜNES LICHT FÜR GRÜN

Im Grunde bedeutet basische Ernährung also nichts anderes, als sich ausgewogen und abwechslungsreich zu ernähren, auf säurebildende Lebensmittel zu verzichten (oder sie zumindest zu reduzieren) und dem Körper genug von denjenigen Lebensmitteln zuzuführen, die er zu Basen verstoffwechselt. Die erste Empfehlung in dieser Hinsicht lautet: Esst vor allem Lebensmittel, die kein tierisches Eiweiß enthalten. Gemüse, Salat, Kräuter, Keimlinge, Pilze, Obst, Nüsse und Samen enthalten in der Regel viele Basenbildner, weil sie arm an Eiweiß sind und gleichzeitig sehr viele Mineralstoffe liefern. Ich kaufe Obst und Gemüse am liebsten regional und bio wegen des respektvollen und nachhaltigen Umgangs mit der Natur. Für regionalen Anbau sprechen vor allem die kurzen Transportwege und eine geringere Belastung mit Pestiziden. Außerdem stecken in Bio-Produkten zum Teil mehr gesunde Nähr- und Vitalstoffe und oft haben sie einfach auch ein besseres Aroma. Aber auch bei den säurebildenden Lebensmitteln wird noch mal unterschieden. Manche von ihnen liefern ebenfalls viele gesunde

Inhaltsstoffe, wie etwa Mineralstoffe, Vitamine oder Eiweißbausteine, die unser Körper nicht selbst herstellen kann (essenzielle Aminosäuren). Gerade an Eiweiß sollte man daher nicht sparen. Wichtig ist es aber, nicht – wie wir es normalerweise tun – vor allem Nudeln, Reis, Knödel, Brot oder andere Sättigungsbeilagen dazu zu essen, sondern Eiweiß lieber mit viel Gemüse und Salat zu kombinieren.

DIE 80:20-REGEL

Damit der Säure-Basen-Haushalt im Gleichgewicht bleibt, hat sich ein Verhältnis von vier Teilen Basenbildnern auf einen Teil Säurebildner bewährt. So entstand die 80:20-Regel. Basische

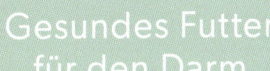

Gesundes Futter für den Darm

Wer zu viele Kilos mit sich herumschleppt, nimmt durch die Basenernährung automatisch ab. Es gibt aber auch Leute, die lieber ein bisschen zunehmen würden. Ihnen hilft diese Ernährungsweise ebenfalls, weil sich mit dem Körper immer auch der Darm erholt. Basische Ernährung ist überhaupt perfekt für das Darmmikrobiom, also die unzähligen Mikroorganismen, die unseren Darm besiedeln. Sie fördert die gesunden Darmbakterien und hält gleichzeitig die schlechten Bakterien in Schach, indem sie ihnen einfach das Futter entzieht. Übrigens: Auch die Forschung beschäftigt sich intensiv mit dem Mikrobiom. Wissenschaftler vermuten, dass es der Schlüssel zur ewigen Jugend sein könnte. Spannend!

Lebensmittel zu 80 Prozent, 20 Prozent säurebildende: Das ist eine Mischung, mit der der Körper gut klarkommt und die es euch relativ leicht macht, eure Ernährung auf Dauer umzustellen. Wegen der 20 Prozent müsst ihr auf nichts verzichten, was ihr bisher gern gegessen habt – auch wenn es vielleicht nicht gerade zu den Spitzenreitern der Basenküche gehört. Ganz ehrlich: Bei uns gibt es auch mal Chips, wenn wir mit den Kindern einen Fernsehnachmittag machen. Aber wir genießen das dann richtig. Und die Chips sind an diesem Tag einfach unsere 20 aus der 80:20-Regel. Die 80:20-Regel ist also nicht nur ein gutes Maß für basen- und säurebildende Lebensmittel, sondern auch die wichtigste Maßnahme, um auf Dauer am Ball zu bleiben. Denn bei strengen Ernährungsvorschriften ist die Luft gleich raus und kleine Ausrutscher lassen uns schnell alles in Frage stellen (nach dem Motto: „Jetzt ist es eh schon egal").

Praktischerweise haben Ernährungswissenschaftler ein Modell entwickelt, mit dem sich berechnen lässt, welchen Effekt ein Lebensmittel tatsächlich auf die Säure-Basen-Bilanz hat: Der sogenannte PRAL-Wert gibt an, wie hoch der Säureüberschuss ist. Noch besser ist, dass wir selbst gar nicht mehr groß rechnen müssen. Im Internet findet ihr viele ausführliche Tabellen, die euch vor allem am Anfang sehr gut helfen, das beste Basenfood herauszufinden.

FLEISCH IST NICHT TABU

Tierische Produkte wie Fleisch, Fisch, Eier, Joghurt oder Käse zählen auf jeden Fall zu den Säurebildnern. Deshalb müsst ihr euch aber nicht rein vegan ernähren. Auch hier kommt es

einfach auf die Menge an – und auf die entsprechende Portion Basenfood dazu. Ich esse zum Beispiel sehr gern Budwig-Quark mit Leinöl und frischen Früchten. Magerquark enthält viele essenzielle Aminosäuren, Leinöl zählt zu den besten Lieferanten für gesunde Fettsäuren und zu Obst muss ich ja nichts mehr sagen. Wem das Obst nicht süß genug ist, der kann sich mit einem Teelöffel Honig behelfen.

Aber noch einmal zum Fleisch: Natürlich spielt auch die Qualität eine Rolle. Wo und wie ein Tier gehalten wurde, macht tatsächlich einen Unterschied beim Säuregrad aus. Klar, man muss für Heumilch oder Fleisch von Wild oder Weidetieren tiefer ins Portemonnaie greifen. Aber heute kann sich keiner mehr der Verantwortung entziehen. Niemand sollte mehr sagen, es interessiert mich nicht, woher mein Fleisch kommt oder ob ein Tier leiden musste. Hauptsache: billig. Für mich persönlich gehört auch der Karmagedanke zum Stressmanagement – und ist damit in gewisser Weise auch dafür verantwortlich, ob wir übersäuern oder nicht.

UND WAS IST MIT SÜSSEM?

Zucker ist zwar ein wichtiger Energielieferant, aber die meisten essen heutzutage viel zu viel davon. Gerade in Fertigprodukten steckt jede Menge versteckter Zucker, sodass man gar nicht ahnt, was man da zu sich nimmt. Wer selbst kocht, ist daher schon mal aus dem Schneider, vor allem, wenn statt normalem Haushaltszucker gesündere Alternativen verwendet werden. Meine persönlichen Favoriten sind hier neben Honig Birnendicksaft, Kokosblütenzucker und Reissirup. Diese Zuckeralternativen werden zwar ebenfalls sauer verstoffwechselt, sind aber in geringen Mengen kein Problem. Für Gebäck, Pancakes und Co. verwende ich außerdem gern Bananen und stärkehaltiges Gemüse wie Möhren, Rote Bete und Süßkartoffeln, die leicht süßlich schmecken. Bei uns zu Hause stehen aktuell gerade Cashewkerne, Zitronensaft, Kokosöl und Kokosblütenzucker hoch im Kurs. Im Hochleistungsmixer wird daraus in Sekundenschnelle eine Art unglaublich cremiger Pudding. Schmeckt traumhaft, dabei sind es gerade mal vier Zutaten. Das ist übrigens ein weiteres Plus der basischen Ernährung: Sie kommt ohne Zusatzstoffe aus, von denen viele das saure Milieu ebenfalls stark fördern.

Eine tolle Alternative für den ganzen Süßkram aus dem Supermarkt sind getrocknete Datteln, Feigen, Aprikosen und Co. Wenn ihr zwischendurch einmal naschen wollt, könnt ihr hier ohne schlechtes Gewissen zugreifen. Anders als Gummibärchen oder Kekse enthalten sie nämlich nicht nur viele Ballaststoffe, sondern wirken aufgrund der in ihnen enthaltenen Mineralstoffe auch besonders basisch.

REGELMÄSSIG ESSEN

Um meine Figur zu halten, habe ich früher häufiger das Frühstück ausfallen lassen. Das mache ich nicht mehr, seit ich mich basisch ernähre. Der Körper braucht nach der Nacht schließlich ordentlich Energie für den neuen Tag. Wie soll ich leistungsfähig sein, wenn kein „Kraftstoff" zur Verfügung steht? Zudem schaltet der Körper in den Fastenmodus, wenn wir über zu viele Stunden nichts essen. Zunächst greift er dann auf seine eigenen Zuckerspeicher zurück. Aber

wenn die verbraucht sind, was relativ schnell der Fall ist, geht es den Eiweiß- und Fettdepots an den Kragen. Irgendwoher muss der Körper die Energie ja nehmen, wenn von außen nichts nachkommt. Das klingt an sich gut, denn genau diese Fettdepots würden viele nur zu gern loswerden. Das Problem ist nur: Das Körpereiweiß wird sauer verstoffwechselt. Und genauso wie beim Fettabbau entstehen sogenannte Ketone, die ebenfalls sauer wirken, wenn sie in hohen Dosen ins Blut kommen.

BESSER FINGER WEG

Auch wenn im Prinzip in Maßen alles erlaubt ist, gibt es ein paar Dinge, die ich heute (so gut wie) gar nicht mehr esse, weil sie einfach zu negativ auf das Säure-Basen-Gleichgewicht wirken. Dazu zählt als Erstes Industriezucker und damit auch Süßigkeiten und Softdrinks. Gerade die habe ich früher wirklich literweise getrunken. Dabei stecken allein in einem 250-ml-Glas Cola neun Stücke Würfelzucker, in einer Dose Energydrink können es sogar 26 sein. Wahnsinn! Weißmehl und alle Produkte daraus verwende ich zu Hause auch gar nicht mehr. Denn die darin enthaltene Stärke ist letztendlich nichts anderes als Zucker. Stärke steckt zwar auch in Kartoffeln, Vollkornbrot oder Naturreis. Aber die sind gleichzeitig auch reich an Ballaststoffen und daher super für den Darm. Für Weißmehl werden Schalen und Keimlinge des Getreides, in denen die gesunden Inhaltsstoffe zu finden sind, dagegen entfernt.
Fertignahrung und Fast Food sind noch schlimmer. Denn sie enthalten neben reichlich Zucker und Weißmehl auch noch die Nummer drei im Bund der „Killersäuren": billige (Trans-)Fette.

MEINE TOP-TEN-BASENFOODS

Hier nun die zehn basischen Lebensmittel, die bei uns zu Hause regelmäßig auf den Tisch kommen. Sie sind gesund und schmecken uns allen richtig gut (zugegeben, für Grünkohl gilt das nicht uneingeschränkt). Man bekommt sie problemlos in jedem Supermarkt.

FELDSALAT

Salat gibt es bei uns eigentlich jeden Tag und dieser hier enthält besonders viel Provitamin A, Vitamin C, Folsäure, Eisen, Kalium, Kalzium und Magnesium. Ein Super-Basenfood also. Im Kühlschrank wird Feldsalat allerdings schnell schlapp und verliert seine Vitalstoffe. Daher sollte man ihn am besten immer frisch kaufen und gleich zubereiten. Weil zwischen den einzelnen Blättchen und an den winzigen Wurzeln gern noch Erde oder Sand haftet, putze ich Feldsalat besonders gründlich, lasse ihn anschließend erst eine Weile in kaltem Wasser „baden" und brause ihn dann noch in einem Sieb ab, ehe er in die Salatschleuder kommt. So knirscht später nichts zwischen den Zähnen. Zugegeben: Das ist ein bisschen aufwendiger als zum Beispiel bei Eissalat, aber dafür schmeckt Feldsalat auch viel, viel besser.

GRÜNKOHL

Mein Favorit für grüne Smoothies! Denn in rohem Grünkohl steckt geballte Pflanzenpower. Von Alpha-Linolensäure, das ist die pflanzliche Version der Omega-3-Fettsäure, bis zu Zink ist so gut wie alles dabei. Außerdem ist er ein hervorragendes Futter für die guten Darmbakterien, weil er so viele Ballaststoffe enthält. Und was die Basenbilanz betrifft: 100 Gramm Grünkohl liefern so viel Kalzium wie 200 ml Milch. Leider ist roher Grünkohl ganz schön zäh und geschmacklich ist er auch nicht jedermanns Fall. Wenn ich ihn als Salat zubereite, schneide ich ihn deshalb in dünne Streifen und knete ihn dann gründlich mit dem Dressing durch. So lässt er sich nicht nur besser kauen (und Kauen ist wichtig, weil der Magen sonst zu viel zu tun hat), er verliert auch etwas von seinem strengen Aroma. Oder ich gebe die Blätter nach dem gründlichen Waschen gleich in den Mixer, wo sie quasi mechanisch „vorgekaut" werden. Fürs Aroma könnt ihr dann noch Früchte dazugeben, Banane und Kiwi zum Beispiel.

KARTOFFELN

Ich liebe Kartoffeln! Sie sind tolle Sattmacher und trotzdem leicht verdaulich, weil sie kaum Fett, dafür aber ganz viel Wasser enthalten. Und dann kann man sie auch noch auf so unglaublich viele Arten zubereiten. Kartoffeln sind reich an Kalium, nur in Bananen steckt noch mehr von diesem wichtigen Basenbildner. Die unscheinbaren Knollen sind außerdem echte Vitamin-C-Bomben. Damit das wertvolle Vitamin beim Kochen nicht verloren geht, solltet ihr Kartoffeln schonend in wenig Wasser kochen oder (noch besser) dämpfen oder im Ofen garen und sie immer erst danach schälen. Wenn überhaupt! Denn die meisten guten Inhaltsstoffe sitzen direkt unter der Schale. Daher lasse ich diese möglichst dran und bürste die Kartoffeln nur gründlich unter Wasser ab. Wichtig: Triebe und grüne Stellen unbedingt großzügig wegschneiden, denn sie sind giftig. Es gibt festkochende, vorwiegend festkochende und mehligkochende Sorten. Die festkochenden verwende ich für Salate, Bratkartoffeln, Gratins und Salzkartoffeln, die mehligkochenden sind ideal für Kartoffelpüree oder Kartoffelsuppe. Und die vorwiegend festkochenden sind Allrounder, die ihr eigentlich für alles nehmen könnt.

BROKKOLI

Bei Kohl scheiden sich ja bekanntlich die Geister, aber Brokkoli mag komischerweise fast jeder. Das liegt vermutlich daran, dass er vergleichsweise mild schmeckt. Meine Kinder haben ihn jedenfalls schon als Babys geliebt.

Neben Kalium, Phosphor, Eisen, Zink, den Vitaminen B, C und E liefert er das Knochenmineral Kalzium in großer Menge und hilft somit, die Basenreserven im Körper hochzuhalten. Die sekundären Pflanzenstoffe in diesem Gemüse sollen sogar vor Krebs schützen und dazu beitragen, dass wir gesund alt werden. Ich ziehe auch gern Brokkolisprossen auf der Fensterbank, im Internet findet ihr dazu viele Anleitungen. In den Sprossen steckt nämlich 100-mal mehr Sulforaphan als in einem großen Brokkoli. Und genau dieser Pflanzenstoff ist besonders für die „Gesundheitsvorsorgewirkung" verantwortlich. Aber Vorsicht: Auch die gesunden Inhaltsstoffe im Brokkoli vertragen Hitze nicht besonders gut. Daher solltet ihr ihn schonend garen, in wenig Öl dünsten oder einfach als Rohkost knabbern. Das ist zugleich ein ideales Kautraining. Fangt aber mit kleinen Portionen an, wenn ihr Rohkost (noch) nicht gewohnt seid. Sonst könnt ihr Blähungen bekommen – wobei gutes Kauen auch denen vorbeugt.

GRAPEFRUIT

Wie alle Zitrusfrüchte werden auch Grapefruits basisch verstoffwechselt und die in ihnen enthaltenen Mineralstoffe, unter anderem Magnesium, Kalium und Kalzium, liefern reichlich Nachschub für die Basendepots. Die gesunden Bitterstoffe kurbeln den Stoffwechsel an und helfen, den Cholesterin- und Blutzuckerspiegel zu senken. Und weil Grapefruits dazu noch recht pektinreich sind, füttert ihr die gute Darmflora. Allerdings stecken die löslichen Ballaststoffe eher in der weißen Innenhaut als im Fruchtfleisch. Noch besser, als Grapefruits auszulöffeln oder auszupressen, ist es daher, die Schnitze wie eine Orange zu essen oder sie für einen Smoothie zu pürieren.

KIWI

Hier seht ihr mal wieder, dass nicht alles, was sauer schmeckt, sauer verstoffwechselt wird. Denn in Kiwis stecken reichlich Magnesium, Kalium, Kalzium und Phosphat und somit jede Menge beste Basenmineralstoffe, um die körpereigenen Reservoirs (wieder) aufzufüllen. Schon mit zwei Kiwis könnt ihr (fast) den täglichen Vitamin-C-Bedarf decken. Kleiner Tipp für Joghurtfans: Weil Kiwis Enzyme enthalten, die Milcheiweiß spalten, wird normaler Joghurt schnell bitter, wenn man das Fruchtfleisch hineinschnippelt. Ich nehme deshalb für meinen Kiwi-Joghurt immer pflanzliche Joghurtalternativen.

MANGO

Betacarotin, Vitamin C und Folsäure, dazu Magnesium, Kalium und Kalzium – das Dreiergespann für Herz, Muskeln und Nerven – sowie viele weitere gesunde Vitamine, Mineralstoffe und sekundäre Pflanzenstoffe: Das macht Mangos zu echten Vitalstoffbomben. Darüber hinaus unterstützen sie ein vielfältiges Mikrobiom. Dafür verantwortlich sind neben den reichlich enthaltenen löslichen Ballaststoffen vor allem die sekundären Pflanzenstoffe, weil sie das Wachstum der guten Darmflora ankurbeln.

Ich prüfe beim Kauf immer, ob die Mango intensiv duftet und auf Fingerdruck leicht nachgibt. Dann ist sie schön reif und richtig aromatisch. Ob die Schale eher gelb oder rot ist, ist dagegen unerheblich – das variiert je nach Sorte. Mangos genießt man am besten sofort. Auf keinen Fall darf man die Früchte im Kühlschrank lagern: In der Kälte verlieren Mangos enorm an Geschmack. Wenn die Mango noch hart und unreif ist, könnt ihr sie einfach mit Äpfeln in den Obstkorb legen. Denn Äpfel verströmen Ethylen, ein Gas, das andere Früchte nachreifen lässt.

GETROCKNETE FEIGEN

Trockenfrüchte zählen generell zu den besonders basischen Lebensmitteln, aber Feigen sind die Spitzenreiter. Sie haben sogar den höchsten alkalischen Wert von allen Lebensmitteln überhaupt. Was noch viel wichtiger ist: Ich liebe sie! Ihr Geschmack erinnert mich gleichzeitig an Sommerurlaub im Süden und Weihnachten am Kaminfeuer.

Getrocknete Feigen sind reich an Vitamin A, sie enthalten fast alle B-Vitamine sowie jede Menge Kalium. Und es stecken viele Aminosäuren in ihnen, das sind die kleinsten Eiweißbausteine, die der Körper für den Aufbau der Zellen und zur Deckung des täglichen Energiebedarfs benötigt. Feigen helfen, die Verdauung zu regulieren und gegen kleine Durchhänger am Nachmittag. Damit sind sie bei Müdigkeit und Konzentrationsmangel eine tolle Alternative zum klassischen Traubenzucker, der nur kurz den Blutzucker nach oben schießen und uns anschließend gleich wieder in ein Tief fallen lässt. Achtet beim Kauf bitte darauf, dass die Feigen ungeschwefelt sind – und natürlich ungezuckert, denn süß sind sie von allein. Soft-Feigen sind weicher als herkömmliche Trockenfeigen und daher fantastisch im Müsli oder als Gummibärchenalternative für die Kinder. Weil sie sich nicht so lange halten, wenn die Packung einmal angebrochen ist, bewahrt man sie am besten im Kühlschrank auf.

BITTERSCHOKOLADE

Dunkle Schokolade enthält nicht nur vergleichsweise wenig Zucker, sondern auch viele gesunde Stoffe aus der Kakaobohne: Magnesium und Kalium, Eisen und Kalzium zum Beispiel. Kakao gilt sogar als einer der besten pflanzlichen Magnesiumlieferanten überhaupt. Außerdem enthält er mehr Antioxidantien als Blaubeeren. Wichtig: je höher der Kakaoanteil, desto besser! Man sollte trotzdem nicht gleich eine ganze Tafel verputzen – aber durch den intensiven Schokogeschmack reicht ja oft schon ein Stückchen.

PFIFFERLINGE

Pflanzliches Eiweiß, Ballaststoffe, B-Vitamine, Jod, Kupfer, Mangan, Zink … Mit 6,5 Milligramm pro 100 Gramm enthalten Pfifferlinge sogar mehr Eisen als Rindfleisch, während Phosphor hilft, als Basenmineralstoff den pH-Wert des Blutes zu stabilisieren. Wie alle Pilze zählen Pfifferlinge zudem zu den wenigen Vitamin-D-haltigen Lebensmitteln. Ganz schön gesund also! Leider sind Pfifferlinge wie alle Waldpilze ziemlich strahlenbelastet. Daher empfiehlt es sich, nicht zu viel davon zu essen. 200 bis 250 Gramm pro Woche gelten aber als unbedenklich. Und Vorsicht: Nicht roh essen, das kann zu Verdauungsbeschwerden führen!

MEINE LIEBSTEN BASEN-KRÄUTER UND -GEWÜRZE

Mit Gewürzen und frischen Kräutern bekommt jedes Gericht ganz schnell ein gesundes i-Tüpfelchen. Denn in eigentlich allen stecken neben reichlich Vitaminen und sekundären Pflanzenstoffen auch jede Menge Basenmineralstoffe. Ich habe daher im Garten ein Kräuterbeet und das ganze Jahr über Kräutertöpfchen auf der Fensterbank stehen. Und wenn ihr erst mein Gewürzregal sehen könntet …

PETERSILIE

Sie ist die „Anführerin" unter den Kräutern, kein anderes wirkt so basisch. Was den Vitamin-C-Gehalt angeht, toppt Petersilie sogar viele gängige Obstsorten. Sie regt die Verdauung an, wirkt antientzündlich, entgiftend und soll sogar dabei helfen, Nierensteinen vorzubeugen. Wegen ihrer entkrampfenden Wirkung hat Petersilie sich außerdem bei Menstruationsbeschwerden bewährt. Ein echtes Frauenkraut!

BASILIKUM

Basilikum wirkt appetitanregend und verdauungsfördernd, hemmt Entzündungen und bekämpft Pilze. Es soll auch helfen, Nervosität, Schlafprobleme und Migräne zu vertreiben. Was ich aber am allerbesten finde: Basilikum beamt mich im Nu in den letzten Italienurlaub zurück.

SCHNITTLAUCH

Das Sulforaphan in Schnittlauch, ein sekundärer Pflanzenstoff, gilt als tolles Anti-Aging-Mittel und stoppt erwiesenermaßen das Krebswachstum. Weil auch viel Vitamin K in den Halmen steckt (schon zwei Esslöffel Schnittlauchröllchen decken ungefähr die Hälfte des Tagesbedarfs), hilft das Kraut außerdem, Osteoporose vorzubeugen. Ganz wichtig, damit die Inhaltsstoffe nicht zerstört werden: Man darf Schnittlauch nicht kochen, sondern immer erst ganz zum Schluss frisch aufstreuen. Die Blüten sind essbar und nicht nur wunderschön im Salat, sondern ebenfalls sehr gesund.

OREGANO

Oregano ist eines der wenigen Kräuter, die beim Trocknen ein intensiveres Aroma entwickeln. Außerdem könnt ihr ihn bedenkenlos mitkochen, weil seine gesunden Inhaltsstoffe nicht hitzeempfindlich sind. Sie kurbeln unter anderem den Fettstoffwechsel an und stärken das Immunsystem. Oregano verleiht Gemüse- und Pastagerichten im Handumdrehen einen mediterranen Touch. Und auch auf Pizza darf er für mich auf keinen Fall fehlen.

KURKUMA

Dieses Gewürz aus der Ayurvedaküche ist der wichtigste Bestandteil meiner geliebten Goldenen Milch (siehe Seite 32). Weil Kurkuma wenig Eigengeschmack hat, passt es aber auch in viele andere Gerichte und verleiht ihnen so nicht nur einen gehörigen Basen- und Vitalstoffkick, sondern auch eine tolle Farbe. Ich habe damit sogar schon Ostereier gefärbt (die Anleitung habe ich im Internet entdeckt). Alternativ zum praktischen Pulver könnt ihr auch frische Kurkumawurzel reiben. Vorher aber die Schale mit einem Teelöffel oder kleinen Messer abschaben.

ZIMT

Den mag bei uns jeder! Kein Wunder, denn Zimt schmeckt nicht nur superlecker, er kurbelt im Körper auch die Produktion von Gute-Laune-Hormonen an. Weil er zudem den Blutzuckerspiegel reguliert, wirkt er sehr gut gegen Heißhungerattacken. Auch auf den Cholesterinspiegel wirkt er sich positiv aus. Achtung: Verwendet bitte nur (den leider etwas teureren) Ceylon-Zimt. Der günstigere Cassia-Zimt kann Leberschäden verursachen.

INGWER

Er bringt den Kreislauf ordentlich in Schwung, weshalb eine Tasse Ingwertee oder Ingwer-Zitronen-Wasser eine super Alternative für Kaffee ist. Auch gegen (Reise-)Übelkeit und Regelschmerzen kann Ingwer sehr effektiv helfen. Ich liebe sein scharfes, aber trotzdem fruchtiges Aroma und gebe ihn daher gern in Reisgerichte, Currys oder auch in Obstsalat. Ach ja: Ingwerpulver ist zwar praktisch, kann aber, was Aroma und gesunde Inhaltsstoffe betrifft, der frischen Wurzel nicht annähernd das Wasser reichen.

SO GELINGT DIE UMSTELLUNG

Die Ernährung umzustellen und sich basisch zu ernähren, hört sich im ersten Moment womöglich kompliziert und aufwendig an. Aber das ist es nicht. Ihr müsst nur bereit sein, euch auf etwas Neues einzulassen. Zugegeben: Wir sind in unseren Ess- und Ernährungsgewohnheiten oft so festgefahren, dass es anfangs mühsam ist, umzudenken, neue Rezepte zu entdecken und Einkaufsgewohnheiten zu ändern. Aber was wäre das Leben ohne Herausforderungen?

KEINE ANGST VOR VERÄNDERUNG!

Ich kann mir nicht vorstellen, dass es irgendjemanden gibt, der nicht gern gesund und fit wäre. Doch obwohl eine Ernährungsumstellung ein Wahnsinnsschritt in diese Richtung ist, wehren sich viele mit Händen und Füßen dagegen. Aus Angst, lauter Dinge essen zu müssen, die ihnen nicht schmecken, und auf mindestens genauso viele andere Lieblingsgerichte verzichten zu müssen, lassen sie sich erst gar nicht auf einen Versuch ein – und verpassen dadurch, was für eine großartige Wende das Leben nehmen kann, wenn man bereit für Neues ist.

STEP BY STEP

Steckt das Ziel nicht zu hoch! Wie beim Sport ist es Erfolg versprechender, wenn ihr erst mal klein anfangt. Wer gleich alles auf einmal will, scheitert für gewöhnlich. Das gilt für den Vorsatz, ab heute jeden Morgen vor der Arbeit eine Runde zu joggen genauso wie in Ernährungsangelegenheiten. Werft also nicht gleich alle Essgewohnheiten über Bord, sondern bringt Schritt für Schritt mehr

Grün auf den Teller. Das ist auch deshalb zu empfehlen, weil sich der Körper so besser an die ballaststoffhaltigere Ernährung gewöhnen kann.

SICH SELBST WERTSCHÄTZEN

Bei meinen „Fit in den Frühling"-Wochen, die ich jedes Jahr veranstalte, sage ich „meinen" Frauen immer: „Gratuliert euch selbst dazu, dass ihr euch Zeit für euch genommen habt. Indem ihr etwas für euch tut, lebt ihr eurer Familie vor, dass ihr respektvoll mit euch umgeht. So können sie auch Respekt für euch haben." Niemand sollte mit dem Gefühl in die Kurse kommen, dass er diese Zeit seiner Firma stiehlt oder dem Partner oder den Kindern wegnimmt. Kommt mit gutem Gewissen und sagt euch: „Ich fülle meinen Honigtopf, damit ich allen geben kann." Nach vier Tagen, die die Frauen brauchen, um anzukommen, merke ich dann, wie plötzlich die Power „reinschießt". Wir gehen dann abends oft noch tanzen und die anderen denken nicht selten, wir hätten einen sitzen, weil wir so ausgelassen feiern. Dabei gibt es in dieser Woche gar keinen Alkohol – dafür aber jede Menge Energie, die sich irgendwann einfach ihren Weg nach draußen bahnt.

SELBST KOCHEN

Gesund schmeckt fad? Dann habt ihr noch nicht die Rezepte ab Seite 38 probiert. Ich bin sicher, mit ihnen kommt ihr auf den Geschmack. Überhaupt empfehle ich euch, so oft wie möglich selbst zu kochen. Nur dann wisst ihr ganz genau, was im Essen steckt. Solange ihr teilweise noch auf Fertigprodukte zurückgreift (siehe Thema „Step by step"), empfiehlt sich ein kritischer Blick auf die Zutatenliste. Auch in augenscheinlich gesunden Gemüsegerichten können krasse Säurebildner stecken, allen voran Zucker. Achtet einmal darauf: Ihr werdet euch wundern, in wie vielen Produkten ihr ihn findet.

Konservierungsstoffe, Geschmacksverstärker, künstliche Aromen und Farbstoffe gibt es in der eigenen Küche auch nicht. Die braucht auch wirklich keiner! Verleiht euren Gerichten lieber mit natürlichen Gewürzen und Kräutern mehr Farbe und Aroma, so habt ihr gleich eine ordentliche Basenportion auf dem Teller.

 DU LEBST NICHT, UM ZU ESSEN, DU ISST, UM ZU LEBEN.

RICHTIG ZUBEREITEN

Mineralstoffe sind zwar hitzestabil, sie gehen also – anders als zum Beispiel viele Vitamine – bei hohen Temperaturen auf dem oder im Ofen nicht verloren. Aber wenn ihr Gemüse in reichlich Wasser gart, werden die Mineralstoffe ins Kochwasser „ausgeschwemmt" und landen mit ihm im Ausguss. Es sei denn, ihr bereitet mit dem Wasser später noch eine Brühe oder Suppe zu. Also: mehr dämpfen und dünsten, häufiger kurz braten und nur selten in viel Wasser kochen oder stundenlang schmoren. Und vergesst bitte auch nicht, immer einen Schuss gesundes Öl ans Gemüse zu geben. Den Basen ist das zwar egal, aber viele Vitamine kann der Körper nur dann aufnehmen, wenn sie in Öl gelöst sind.

ERNÄHRUNGSTAGEBUCH

Ein Ernährungstagebuch hilft, den Überblick zu bewahren, bis euch die neuen Essgewohnheiten in Fleisch und Blut übergegangen sind. Tragt darin in zwei Spalten (praktisch sind hier Vokabelhefte) alles ein, was ihr über den Tag verteilt esst und trinkt. Am Ende des Tages sollte auf der Basenseite unterm Strich mehr stehen.

GEGEN HEISSHUNGER

Für den kleinen Hunger zwischendurch wird oft eine Portion Joghurt oder Quark empfohlen, weil sie den Blutzuckerspiegel nicht steigen lässt. Was dabei nicht bedacht wird: Wie alle tierischen Eiweißprodukte schlagen sich auch Joghurt und Quark negativ aufs Säurekonto nieder. Knabbert daher besser eine Handvoll Mandeln, Nüsse oder Rohkoststicks. Und wenn euch der Zucker-Jieper überfällt, hilft ein Stückchen Zartbitterschokolade. Deren Säurewirkung hält sich in Grenzen und gleichzeitig enthält sie viele gesunde Pflanzenstoffe, die Stress mindern, die Laune heben, die Konzentration fördern und das Herz stärken. Für meinen Mann, der gern mal nascht, wenn er Stress hat, mische ich daher eine Art Trail-Mix aus Nüssen, Trockenfrüchten, Bitterschokolade und ein paar kleinen Vollkorn-Salzbrezeln. In Nüssen und Trockenfrüchten stecken jede Menge Mineralstoffe, dazu kommt die stresslindernde Wirkung der Schoki – und die Brezeln geben auf der Zunge den nötigen Kick.

NICHT AUFGEBEN!

Habt Geduld! Eine „Wundermaschine" wie euer Körper lässt sich nicht von heute auf morgen „reparieren". Es dauert mindestens einen Monat, bis sich die Basenspeicher wieder gefüllt haben. Bleibt also bitte am Ball, auch wenn ihr erst mal keine Veränderung feststellen könnt. Es kann auch sein, dass ihr euch zwei, drei Monate an die Empfehlungen in diesem Buch haltet – und plötzlich geht irgendwie nichts mehr. Dann zwingt euch nicht. Verzicht ist keine Lösung. Nehmt das Buch lieber ein paar Monate später noch einmal in die Hand und versucht es aufs Neue. Womöglich war einfach nicht die richtige Zeit für Veränderungen, weil gerade so viel anderes anstand, für das ihr eure Energie gebraucht habt. Vielleicht schafft ihr es ja, zumindest ein paar Ideen in euren Alltag einzubauen und zum Beispiel jeden Tag eine Portion Salat zu essen, jede Mahlzeit mit ein paar frisch gehackten Kräutern zu würzen, Vollkornbrot statt Weißbrot zu kaufen oder viel ungesüßten Kräutertee und Zitronenwasser statt Softdrinks zu trinken. Baut darauf auf! Auch viele kleine Schritte führen irgendwann zum Ziel.

SCHLUSS MIT VERBOTEN ...

Ich bin der Meinung: Essen soll Spaß machen und kein Pflichtprogramm darstellen. Umso besser finde ich, dass es bei der basischen Ernährung nicht darum geht, sich auf vorgeschriebene Diätpläne zu versteifen. Vielmehr ist es wichtig zu verstehen, was unser Körper braucht, um gesund und leistungsfähig zu sein. Deswegen sind auch sogenannte schlechte Lebensmittel ab und zu erlaubt. Ich selbst bin auch ein Genussmensch und natürlich gibt es da ein paar Dinge, auf die ich nicht verzichten will, selbst wenn bei ihnen aus rein gesundheitlicher Sicht alle Alarmglocken schrillen. Aber wie so oft im Leben macht die Dosis das Gift. Wichtig ist einfach, solche Genussmittel nicht mit „echten" Lebensmitteln zu verwechseln, sondern sie als leckere Extras anzusehen. Daher sollte man sie auch weder mit schlechtem Gewissen möglichst schnell in sich reinstopfen (am besten noch im Keller) oder nebenbei in sich hineinfuttern, während man mit dem Handy daddelt oder fernsieht, sondern sie mit allen Sinnen ganz bewusst genießen.

Gerade wenn es ums Essen geht, kann ich das Wort Verzicht überhaupt nicht leiden. Aber das Tolle ist ja, dass dir gar nichts weggenommen wird, wenn du dich basisch ernährst. Im Gegenteil! Du darfst auf dich achten, du darfst darauf schauen, was dir guttut. Weil du es wert bist. Ich würde mir wünschen, dass sich viel mehr Menschen die Zeit nehmen, sich über ihre Ernährung Gedanken zu machen. Einen Wochenplan erstellen und sich zu überlegen, was sie heute, morgen und übermorgen kochen. Man achtet den ganzen Tag auf so viel Quatsch, nur nicht auf die Ernährung. Das zu tun, ist ein Geschenk an sich selbst.

Gerade als Mama finde ich es wichtig, keine Verbote auszusprechen. Denn das geht fast immer nach hinten los und die Kids holen sich das, was sie zu Hause nicht bekommen, irgendwo anders. Viel besser ist es, wenn Mama und Papa vorleben, wie man sich gesund und ausgewogen ernährt, ohne ständig ein großes Thema daraus zu machen. Bindet eure Kinder bei der Entscheidung, was es zu essen gibt, mit ein. Nehmt sie mit zum Einkaufen, lasst sie beim Kochen helfen. Was selbst gemacht ist, wird viel mehr wertgeschätzt. Gebt auch nicht gleich auf, wenn ihnen etwas nicht schmeckt. Wissenschaftler haben entdeckt, dass man etwas zehnmal und öfter probieren muss, bis es einem schmeckt. Vor allem aber: Zeigt euren Kindern immer wieder, dass gutes Essen Spaß macht.

... UND MIT KALORIENZÄHLEN

Es gibt nichts, auf das ich beim Essen weniger achte, als auf Kalorien. Ich weiß allerdings aus meinen Kursen, dass sehr viele diesbezüglich gern genau Bescheid wissen. Macht euch aber bitte nicht verrückt. Es geht ganz viel Genuss dadurch verloren, dass man nur noch auf die Nährwerte schielt und nicht darauf achtet, wie etwas schmeckt. Es ist viel besser, auf seinen eigenen Bauch zu hören und abends noch eine Runde mit dem Partner spazieren zu gehen oder den Hula-Hoop-Reifen kreisen zu lassen, wenn man das Gefühl hat, tagsüber über die Stränge geschlagen zu haben. Unser Körper weiß schon, was ihm guttut. Wir müssen nur lernen, wieder auf seine Signale zu hören. Und falls ihr tatsächlich ein paar Kilos zu viel mit euch herumschleppt, nehmt ihr durch die Basenernährung automatisch ab. Nachhaltig und mit Genuss.

MONIS BASEN-STECKBRIEF

Das habe ich immer im Haus:

Brokkoli, Äpfel, Kokosjoghurt, gefrorene Beeren, Bananen und dunkle Schokolade.

Hier werde ich manchmal schwach:

Bei Pfannkuchen aller Art.

Mein liebstes Frühstück:

Seit Jahren ein basischer Morgenbrei mit Apfelmus, Zimt und einem Schuss Sahne (die ist ebenfalls basisch). Das geht einfach immer.

Das kommt bei mir wirklich nie auf den Tisch:

Schweinefleisch und Nutella.

Das hilft perfekt gegen den kleinen Hunger:

Ein Mix aus Mandeln, Datteln und dunkler Schokolade.

Dieser basische Ernährungstipp lässt sich am leichtesten umsetzen:

Zitronenwasser am Morgen. Außerdem: Immer eine fertige Gemüse- oder Kartoffelsuppe in der Tiefkühltruhe haben, wenn's mal schnell gehen muss.

Stress macht sauer, deshalb entspanne ich regelmäßig beim:

Walking – ich drehe jeden Abend meine Runde. Außerdem lese ich unheimlich gern Biografien, dabei kann ich fabelhaft abschalten.

Meine schnellste Nervennahrung:

Energiekugeln aus Mango und Kokos.

Das rettet mir manchmal den Tag:

Energy Balls gegen Heißhunger, ein Basenbad.

Damit habe ich meine Familie überzeugt:

*Mit meiner guten Laune und damit,
dass gesundes Essen auch gut schmecken kann.*

Das häufigste Feedback
bei meinen Basen-Workshops:

*Wow, das ist eigentlich gar nicht schwer!
Genauso oft: Wow, das ist alles basisch?*

Auf den Punkt gebracht:
Warum sollte man sich basisch ernähren?

*Weil man es sich wert sein sollte, gesund und
voller Energie durchs Leben zu gehen.*

NICHT VERGESSEN: VIEL TRINKEN

Mein Schwiegervater sagt immer: „Durst ist schlimmer als Heimweh." Recht hat er, denn Flüssigkeit ist für unseren Körper genauso wichtig wie Nahrung. Eigentlich sogar noch wichtiger, schließlich bestehen wir zu 70 Prozent aus Wasser. Deshalb ist richtiges Trinken ein ganz großes Thema. Nur wer ausreichend Flüssigkeit zu sich nimmt, ist optimal mit Makro- und Mikronährstoffen versorgt und sorgt dafür, dass Ballaststoffe aus der Nahrung besser verwertet werden können. Viel trinken ist auch die Voraussetzung dafür, dass die Reinigungsprozesse im Körper angekurbelt werden. Und vor allem: Endprodukte der Säuren, die nicht abgeatmet werden, scheidet der Körper in erster Linie über die Nieren – also den Urin – aus. Auch deshalb ist es so wichtig, ausreichend Flüssigkeit aufzunehmen.

Ärzte und Ernährungswissenschaftler empfehlen schon lange, am Tag 2 bis 2,5 Liter zu trinken. Viele Menschen trinken jedoch morgens Kaffee und dann den ganzen Tag (fast) nichts mehr. Erst am Nachmittag oder frühen Abend merken sie, dass sie viel zu wenig Flüssigkeit zu sich genommen haben. Dann wird auf die Schnelle ein Liter getrunken oder noch mehr. Aber der Körper kann so viel Flüssigkeit auf einmal gar nicht speichern, sondern scheidet den Großteil einfach wieder aus. Wer abends viel trinkt, muss außerdem nachts oft auf die Toilette – und das wiederum beeinträchtigt die Schlafqualität. Dabei ist gesunder Schlaf so wichtig für die Regeneration und Entgiftung. Nur wer ausgeschlafen ist, ist top drauf und hat genug Energie.

GLEICHMÄSSIG TRINKEN

Statt zu versuchen, das Soll abends noch auf den letzten Drücker zu erfüllen, solltet ihr also lieber über den Tag verteilt trinken. Am besten startet ihr damit schon 30 Minuten vor dem Frühstück: mit einem großen Glas warmem Wasser mit frisch gepresstem Zitronensaft. Ich trinke in der Früh sogar fast einen halben Liter davon, um Säuren und Abfallprodukte des Stoffwechsels, die sich über Nacht bei den „Aufräumarbeiten" des Körpers angesammelt haben, herauszuspülen. Wer morgens nichts trinkt, kann nicht entgiften.

Tagsüber habe ich mir angewöhnt, jede Stunde 150 Milliliter zu trinken, das ist ein normales Glas voll. Dank dieser Methode kommen bis 18, 19 Uhr 2 bis 2,5 Liter zusammen, ohne dass ich ständig zur Toilette rennen muss. Ideal! Obwohl ich mit der Jede-Stunde-ein-Glas-Methode meinen Flüssigkeitshaushalt optimal im Griff habe, heißt das nicht, dass ich im Dunkeln generell auf dem Trockenen sitze. Aber ich bin dann einfach nicht mehr durstig. Was ich jetzt noch trinke, trinke ich aus Genuss, so wie ab und zu das Glas Wein mit meinem Mann oder eine Tasse Goldene Milch (das Rezept habe ich aus dem Internet). Für die verrühre ich in einem Topf 1 TL Kurkuma, je ½ TL Zimt, Kardamom und Ingwer sowie 1 Prise Pfeffer (im Bioladen gibt es alternativ auch fertige Gewürzmischungen) mit ½ TL Kokosöl. Dann gieße ich 250 ml Hafer- oder Mandeldrink dazu und erhitze das Ganze vorsichtig (es soll nicht kochen). Zuletzt

gründlich umrühren oder mit dem Milchschäumer aufschäumen, fertig! Wer will, kann noch ½ TL Honig dazugeben.

DIE IDEALEN DURSTLÖSCHER

Ich finde, das einfachste Getränk ist auch das beste: Leitungswasser. Unser Wasser hat so eine gute Qualität, da muss man nicht unbedingt zu Mineralwasser greifen. Dieses enthält jedoch oftmals reichlich basenbildende Mineralstoffe wie Magnesium, Kalium und Kalzium oder den Säurepuffer Bikarbonat. Aber Vorsicht: Wasser mit einem hohen Bikarbonatgehalt ist oft auch reich an Natrium. Normalerweise macht das nichts, noch dazu wenn ihr viel Sport treibt oder es sehr heiß ist und ihr entsprechend schwitzt. Doch bei hohem Blutdruck oder Diabetes kann zu viel Natrium gefährlich sein. Achtet daher auf die Angaben auf dem Etikett. Dass Kohlensäure euren Körper übersäuert, ist übrigens umstritten. Sprudelndes Wasser hat zwar im Vergleich zu stillem wirklich einen leicht sauren pH-Wert, allerdings ist die Kohlensäure recht instabil und ein großer Teil geht schon beim zischenden Öffnen der Flasche verloren. Ich persönlich trinke aber lieber stilles Wasser.

Wem Wasser pur auf Dauer zu langweilig ist, der kann es mit Zitronensaft, aber auch mit ein paar Beeren oder klein geschnittenen frischen Früchten, Gurkenscheiben oder frischen Kräutern aromatisieren. Auch gut und eine schnelle Alternative zu den vielen Infused-Water-Sorten im Supermarkt: einfach ein paar Tropfen ätherisches Öl (Bioqualität) ins Wasser geben. Zitronenöl wirkt zum Beispiel anregend und reinigend, Grapefruitöl aktiviert den Stoffwechsel und

Pfefferminzöl zügelt den Appetit und hilft gegen Magenverstimmungen (Vorsicht beim Stillen: Minze hemmt die Milchbildung).

Zwischendurch ist auch Kokoswasser oder mal ein Glas reiner Gemüse- und Obstsaft in Ordnung, weil sie ebenfalls basisch wirken. Fruchtsaftgetränke und Fruchtnektare sind dagegen nicht zu empfehlen, denn neben dem natürlichen Fruchtzucker enthalten sie noch jede Menge zugesetzten Zucker. Das gilt erst recht für Limonaden und andere Softdrinks. Sie können ab und zu als Genussmittel durchgehen, sind aber sicher keine alltäglichen Durstlöscher. Für ungesüßte Kräutertees gilt genau das Gegenteil: Von ihnen könnt ihr trinken, so viel ihr wollt. Viele Kräuter haben sogar einen positiven Effekt auf den Säure-Basen-Haushalt, weil sie reich an Mineralstoffen sind, die aktiv die Entsäuerung unterstützen, so wie zum Beispiel Minze, Melisse oder Brennnessel. Ebenfalls eine ganz tolle Basenquelle ist Gemüsebrühe. Das Gute: Sie isst und trinkt man zugleich.

Und was ist mit Kaffee? Der gilt ja oft als Säurebildner, obwohl er in den Säure-Basen-Listen als neutral aufgeführt wird. Hier ist die Menge entscheidend – und wie wir ihn trinken. Eine meiner Freundinnen etwa schüttet über den Tag verteilt insgesamt einen Liter Milch in ihren Kaffee – und Milch ist wie alle tierischen Proteine ein extremer Säurebildner. Ich trinke meinen Latte macchiato daher immer mit Pflanzendrink. Der enthält an sich schon deutlich weniger schwefelhaltige Aminosäuren und zudem wird das Eiweiß bei diesen veganen Milchersatzprodukten stark mit Wasser verdünnt.

SCHLUSS MIT SAUER – WAS DU SONST NOCH TUN KANNST

Was wir essen, hat zwar einen unglaublich großen Einfluss auf den Säure-Basen-Haushalt. Aber auch andere Maßnahmen unterstützen diesen Prozess. Ich erinnere nur an den Badezusatz, der bei mir damals alles ins Rollen gebracht hat. Seitdem gehört basische Körperpflege für mich einfach dazu, weil sie mir wahnsinnig guttut und mir außerdem dabei hilft zu entspannen, genauso wie Sport oder eine bewusste Atmung. Das alles wirkt prima gegen Stress – und der macht nicht nur angespannt, nervös und ungeduldig, sondern auch sauer.

REGELMÄSSIGE BEWEGUNG

Stress und Bewegungsmangel beeinflussen den Säure-Basen-Haushalt enorm. Umso besser, dass Bewegung nicht nur gut für die Figur und die Ausdauer ist, sondern auch eines der besten Mittel gegen Stress, weil sie nachweislich den Spiegel von Adrenalin, Kortisol und anderen Stresshormonen senkt. So lassen sich gleich zwei Fliegen mit einer Klappe schlagen. Dazu kommt: Sport fördert die Durchblutung, was wiederum bedeutet, dass Sauerstoff, Makro- und Mikronährstoffe (und damit auch die Basen) schneller und besser dorthin gelangen, wo sie im Körper gebraucht werden.

Aber Vorsicht: Viel hilft nicht unbedingt viel. Wer es übertreibt und sich beim Sport regelmäßig körperlich verausgabt, erhöht damit die Säurebelastung, statt sie zu minimieren. Das

liegt daran, dass der Körper nicht mehr genug Sauerstoff in die Muskeln „pumpen" kann, wenn die Belastung zu hoch wird. Solange es moderat zugeht, etwa beim langsamen Joggen, gewinnt der Körper die nötige Energie, indem er mithilfe von Sauerstoff aus dem Blut Kohlenhydrate und Fette verbrennt. Wird die Belastung zu hoch, beginnt er stattdessen, die Energie mittels Milchsäuregärung nur noch aus den gespeicherten Kohlenhydraten zu gewinnen. Dazu ist kein Sauerstoff nötig. Im Fachjargon heißt das: Er schaltet vom aeroben auf den anaeroben Stoffwechsel um. Das ist im Prinzip eine praktische Sache, weil so im Notfall auch dann noch Energie zur Verfügung steht, wenn einem im wahrsten Sinne des Wortes die Puste ausgeht. Allerdings fällt beim intensiven Training Laktat an, ein Salz der Milchsäure, das die Muskeln übersäuern lässt. Sie ermüden, die Leistungsfähigkeit sinkt und das Verletzungsrisiko steigt. Und wenn der übertrieben hohe Trainingsmodus zur Gewohnheit wird, hat das natürlich auch negative Folgen für den Säure-Basen-Haushalt.

Wenn ihr ohne Pause immer Höchstleistung von eurem Körper fordert, erzeugt Sport zudem eher zusätzlichen Stress, statt ihn abzubauen. Denn beim Training werden jede Menge Stresshormone und sogar Entzündungsmarker ausgeschüttet. Muskeln wachsen nämlich nur, wenn die Zellen vorher verletzt wurden. Damit sie sich wieder erholen und größer werden, ist unbedingt eine ausreichend lange Regenerationsphase nötig. Wer das nicht berücksichtigt, sondern ohne Pause immer Höchstleistung fordert, kommt aus dem Stressmodus nicht raus – und übersäuert.

Doch auch wer im guten Ausdauermodus Sport treibt, kommt ins Schwitzen und verliert über den Schweiß Natrium, Kalium, Kalzium, Zink und Jod. Weil gerade diese Mineralstoffe starke Säurepuffer sind, ist es wichtig, den Verlust auszugleichen und dem Körper die verlorenen Mineralstoffe nach dem Training wieder zuzuführen. Dann ist ein Basenbad super, weil es dem Körper hilft, die Säuren, die beim Sport produziert werden, schneller wieder loszuwerden. Dadurch sinkt auch das Risiko für einen Muskelkater. Wenn ihr keine Zeit zum Baden habt, könnt ihr die Haut zumindest mit einem basischen Duschgel bei der Ausscheidung unterstützen.

BEWUSSTES ATMEN

Öfter mal tief durchzuatmen hilft nicht nur, Stress abzubauen, sondern sorgt auch dafür, dass das Kohlendioxid, das beim Säureabbau anfällt, effektiv aus dem Körper abtransportiert werden kann. Eine gute Übung für den Alltag ist zum Beispiel, einfach mal ein paar Minuten bewusst durch die Nase ein- und auszuatmen: fünf Sekunden ein, fünf Sekunden aus.
Allen, die noch mehr wollen, kann ich die 4-7-8-Atemübung des Arztes Dr. Andrew Weil von der University of Arizona empfehlen: Ihr atmet vier Sekunden durch die Nase ein und haltet dann sieben Sekunden den Atem an, ehe ihr ganz langsam für acht Sekunden wieder ausatmet. Das ist am Anfang gar nicht so einfach, aber wenn ihr es einmal draufhabt, Tiefenentspannung pur.

GUTER SCHLAF

Zu wenig Schlaf verhindert, dass der Körper regelmäßig seine eigenen Reparaturmechanismen hochfährt, denn das geschieht vor allem nachts. Zudem lässt Schlafmangel das Hungerhormon Ghrelin in die Höhe schießen, sodass man nicht nur schlapp und müde ist, sondern auch ständig Appetit hat, vor allem auf Süßes. Das macht es unnötig schwer, sich basengesund zu ernähren. Wenn ihr ausreichend schlaft, „regiert" dagegen das „Satthormon" Leptin, das uns die täglichen Snackfallen ganz cool und locker umschiffen lässt. Macht euch aber keinen Stress, wenn ihr mal eine Nacht durchgetanzt habt oder eine Deadline im Job die Nachtruhe verkürzt. Wie beim Essen macht auch hier die Dosis das Gift.

BASENBÄDER

Dass ich ein Riesenfan von Basenbädern bin, ist mittlerweile wohl klar. Ich kann sie wirklich nur jedem empfehlen. Nehmt euch aber unbedingt genug Zeit – mindestens eine Dreiviertelstunde, denn die Säureausscheidung setzt erst nach rund 30 Minuten ein. Und das Wasser darf auch nicht zu heiß sein, ideal sind 35 bis 38 °C. Startet mit einem Bad in der Woche und steigert euch, wenn ihr merkt, dass es euch guttut, auf bis zu drei Bäder wöchentlich. Ich verspreche euch, ihr werdet euch dadurch rundum fit und gesund fühlen. Tipp: Basenbaden macht durstig. Stellt euch daher ein Glas Wasser oder eine große Tasse Kräutertee griffbereit. Und noch ein Tipp: Nach dem Bad nicht duschen und die Haut nur vorsichtig trocken tupfen. So können die wertvollen Mineralstoffe noch weiter ihre Wirkung entfalten und die eigenständige Rückfettung der Haut wird angeregt.

> **BASEN-ERNÄHRUNG IST KEINE DIÄT, SONDERN EIN LIFESTYLE.**

Meine wunderbaren

BASEN-REZEPTE

FRÜHSTÜCK

Wer mit Power in den Tag starten will, braucht morgens
Energie. Deshalb finde ich Frühstücken superwichtig.
Mit diesen Rezepten kommt ihr sanft in Schwung, ohne den
Körper gleich mit Säuren zu überlasten.

KASTANIEN-MANDEL-PORRIDGE MIT ERDBEERPÜREE

MANDELDRINK | KASTANIENMEHL | HASELNÜSSE | BEEREN

Ein warmer Haferbrei mit Kastanienmehl und Mandeldrink sorgt bei mir schon in der Früh für Wohlfühlmomente. Mit frischen Beeren, Zimtpulver, gerösteten Mandeln und Nüssen on top wird daraus ein Fitmacher-Familienfrühstück vom Feinsten.

Für 4 Personen:
1 l ungesüßter Mandeldrink
80 g Kastanienmehl
60 g zarte Haferflocken
250 g Erdbeeren
1 EL Zitronensaft
2 EL Mandeln
2 EL Haselnusskerne
2 EL Walnusskerne
100 g Himbeeren
100 g Blaubeeren
½ TL Zimtpulver

Zubereitung: 25 Minuten
Pro Portion ca. 305 kcal,
8 g EW, 14 g F, 30 g KH

1 Den Mandeldrink in einem Topf aufkochen. Kastanienmehl und Haferflocken einrühren und bei milder Hitze 3 bis 4 Minuten unter gelegentlichem Rühren köcheln lassen. Dann den Porridge auf der abgeschalteten Herdplatte etwa 10 Minuten zugedeckt quellen lassen.

2 Die Erdbeeren waschen, putzen, vierteln und in einem hohen Rührbecher mit dem Zitronensaft fein pürieren.

3 Die Mandeln, Haselnüsse und Walnüsse grob hacken und in einer Pfanne ohne Fett bei mittlerer Hitze rösten. Vom Herd nehmen und abkühlen lassen. Die Himbeeren und Blaubeeren verlesen, kurz abbrausen und vorsichtig mischen.

4 Den Porridge auf tiefe Teller oder Schalen verteilen, mit dem Zimt bestäuben und mit der Hälfte der Mandel-Nuss-Mischung bestreuen. Das Erdbeerpüree darauf verteilen. Mit den Himbeeren, Blaubeeren und den übrigen Nüssen bestreut servieren.

CHIA-KOKOS-PUDDING
MIT PAPAYA

KOKOSDRINK | LIMETTE | PAPAYA | BROMBEEREN

Wer braucht schon einen Koffein-Kick, wenn er Vitalstoffe löffeln kann? Ich nicht!
Das leichte und zugleich nahrhafte Gel aus Chia-Samen und Kokosdrink regt
die Lebensgeister an und pusht euch mit vitaminreichen Früchten sanft in den Tag.

Für 4 Personen:

120 g Chia-Samen

800 ml ungesüßter Kokosdrink

800 g Papaya

1 EL Limettensaft

2 TL Kokosblütenzucker

4 EL Kokos-Chips

250 g Brombeeren

Zubereitung: 30 Minuten

Einweichen: 8 Stunden (am besten über Nacht)

Pro Portion ca. 320 kcal, 12 g EW, 18 g F, 21 g KH

1 Die Chia-Samen in einer Schüssel mit dem Kokosdrink verrühren und etwa 10 Minuten quellen lassen.

2 Die Hälfte der Papaya abgedeckt beiseitelegen. Die übrige Papaya entkernen, schälen und das Fruchtfleisch in grobe Stücke schneiden. Mit dem Limettensaft und dem Kokosblütenzucker in einem hohen Rührbecher mit dem Stabmixer glatt pürieren. Das Papayapüree auf vier Gläser verteilen. Die Chia-Mischung nochmals durchrühren und vorsichtig auf das Püree in die Gläser löffeln. Abgedeckt mindestens 8 Stunden, am besten über Nacht, im Kühlschrank quellen lassen.

3 Am nächsten Tag die Kokos-Chips in einer Pfanne ohne Fett bei mittlerer Hitze hellbraun rösten. Vom Herd nehmen und abkühlen lassen.

4 Die restliche Papaya entkernen, schälen und in etwa 1 cm große Würfel schneiden. Die Brombeeren verlesen, abbrausen und abtropfen lassen. Papayawürfel und Brombeeren vorsichtig mischen und auf dem Pudding verteilen. Mit den Kokos-Chips bestreut servieren.

OVERNIGHT OATS MIT ERDNUSSMUS

HAFERFLOCKEN | BANANEN | CLEMENTINEN | KAKAONIBS

Wenn es morgens schnell gehen soll, sind über Nacht eingeweichte Haferflocken mit Erdnussmus und Pflanzendrink die Lösung. Am nächsten Morgen hübsche ich den kalten Porridge nur noch mit frischem Obst und Mandeln auf – und schon steht das Müsli auf dem Tisch!

Für 4 Personen:

200 g glutenfreie kernige Haferflocken

2 EL geschroteter Leinsamen

500 ml ungesüßter glutenfreier Haferdrink

2 EL Erdnussmus

60 g Mandeln

2 kleine Bananen

2 EL Zitronensaft

2 Kiwis

2 Clementinen

200 g Sojajoghurt natur

4 TL Kakaonibs

Zubereitung: 50 Minuten

Einweichen: 8 Stunden (am besten über Nacht)

Pro Portion ca. 540 kcal, 17 g EW, 20 g F, 57 g KH

1 Am Vorabend Haferflocken und Leinsamen in einer Schüssel mit dem Haferdrink und dem Erdnussmus in einer Schüssel verrühren und abgedeckt mindestens 8 Stunden, am besten über Nacht, kalt stellen. Die Mandeln grob hacken, in einer Pfanne ohne Fett bei mittlerer Hitze hellbraun rösten und abkühlen lassen.

2 Am nächsten Tag die Bananen schälen, in dünne Scheiben schneiden und mit dem Zitronensaft beträufeln, damit sie nicht braun werden. Die Kiwis schälen, längs halbieren und in Scheiben schneiden. Die Clementinen schälen und in Spalten teilen.

3 Den Sojajoghurt unter die Haferflocken-Mischung rühren und den Porridge auf vier Schalen verteilen. Das Obst darauf anrichten, mit den gerösteten Mandeln und je 1 TL Kakaonibs bestreuen und servieren.

PURPUR-BOWL
MIT GRAPEFRUITS

ROTE BETEN | BEEREN | KOKOS-CHIPS | HAFERFLOCKEN

Kann man überhaupt fröhlicher in den Tag starten als mit so einer bunten Smoothie-Bowl?
Und dann wirken die Farbstoffe aus Roten Beten und Beeren auch noch antioxidativ und
schützen vor Zellschäden. Wenn es doch nur mehr von so tollen Frückstücksideen gäbe ...

Für 4 Personen:

500 g gegarte Rote Beten (vakuumverpackt)

2 rosa Grapefruits

1 Banane

150 g TK-Beerenmischung

400 ml ungesüßter Kokosdrink

100 g Blaubeeren

2 EL Chia-Samen

4 EL glutenfreie kernige Haferflocken

4 EL Kokos-Chips

Zubereitung: 20 Minuten

Pro Portion ca. 300 kcal, 8 g EW, 10 g F, 36 g KH

1 Die Roten Beten abtropfen lassen, dabei den Saft (ca. 50 ml) auffangen. Von den Roten Beten 100 g beiseitelegen, den Rest in grobe Stücke schneiden. Die Grapefruits schälen und das Fruchtfleisch klein schneiden. Die Banane schälen und in grobe Stücke schneiden.

2 Die Roten Beten, Grapefruits und Banane zusammen mit den gefrorenen Beeren in einen Standmixer geben. Den aufgefangenen Rote-Bete-Saft und den Kokosdrink hinzufügen und alles erst auf niedriger, dann auf höchster Stufe fein pürieren, dabei je nach gewünschter Konsistenz noch 100 bis 150 ml kaltes Wasser untermixen.

3 Für das Topping die beiseitegelegte Rote Bete in kleine Würfel schneiden. Die Blaubeeren verlesen, kurz abbrausen und abtropfen lassen. Den Smoothie auf vier Schüsseln (Bowls) verteilen. Rote-Bete-Würfel, Blaubeeren, Chia-Samen, Haferflocken und Kokos-Chips dekorativ darauf anrichten. Die Purpur-Bowl sofort servieren.

GOLDENER LEINSAMENPUDDING

HASELNUSSDRINK | BIRNEN | TRAUBEN | PFLAUMEN

Frühaufsteher, aufgepasst: Es muss nicht immer Chia sein! Gold-Leinsamen sind ein regionales Produkt und genauso gesund. Ein paar frische Früchte on top – und schon holt euch dieser Pudding auf die Sonnenseite des Tages.

Für 4 Personen:

80 g geschroteter Gold-Leinsamen

150 g glutenfreie zarte Haferflocken

400 ml ungesüßter Haselnussdrink

2 EL Haselnusskerne

2 rotbackige Birnen (z.B. Williams Christ; ca. 350 g)

1 EL Zitronensaft

1 EL Birnendicksaft

3–4 blaue Pflaumen (ca. 250 g)

200 g grüne kernlose Weintrauben

Zimtpulver zum Bestäuben

Zubereitung: 20 Minuten

Einweichen: 8 Stunden (am besten über Nacht)

Pro Portion ca. 420 kcal, 12 g EW, 15 g F, 53 g KH

1 Am Vorabend den Leinsamen in einer Schüssel mit Haferflocken, Haselnussdrink und 200 ml kaltem Wasser verrühren. Abgedeckt mindestens 8 Stunden, am besten über Nacht, im Kühlschrank quellen lassen.

2 Am nächsten Tag die Nüsse grob hacken und in einer Pfanne ohne Fett bei mittlerer Hitze etwa 2 Minuten rösten. Vom Herd nehmen und abkühlen lassen.

3 Die Birnen waschen, vierteln und entkernen. Jeweils zwei Viertel in dünne Spalten schneiden und sofort mit dem Zitronensaft beträufeln. Die übrigen Birnenstücke raspeln und mit dem Birnendicksaft unter die Leinsamen-Hafer-Mischung rühren. Die Pflaumen waschen, halbieren, entsteinen und klein würfeln. Die Trauben waschen, von den Stielen zupfen und halbieren.

4 Den Pudding auf vier Schalen verteilen, mit den Birnenspalten, Weintrauben und Pflaumen dekorativ belegen. Mit den Nüssen bestreuen und mit Zimt bestäubt servieren.

SOMMERFRISCHES BIRCHERMÜSLI

HAFERFLOCKEN | HAFERDRINK | APRIKOSEN | BEEREN

Fruchtig, frisch und vitalstoffreich: Der Tag beginnt für meine Lieben gleich mit einer Portion guter Laune, wenn ich diesen veganen Müsli-Klassiker aus dem Kühlschrank zaubere und noch schnell mit Aprikosenpüree und süßen Beeren pimpe.

Für 4 Personen:

2 kleine säuerliche Äpfel (z. B. Elstar)

40 g getrocknete Sauerkirschen (ungesüßt)

100 g kernige Haferflocken

100 g zarte Haferflocken

500 ml ungesüßter Haferdrink

200 g ungesüßter Haferjoghurt

300 g Aprikosen

100 g Himbeeren

100 g Blaubeeren

einige Minzeblätter

Zubereitung: 20 Minuten

Einweichen: 8 Stunden (am besten über Nacht)

Pro Portion ca. 390 kcal, 10 g EW, 7 g F, 63 g KH

1 Am Vorabend die Äpfel waschen, vierteln, entkernen und fein reiben. Die Sauerkirschen klein hacken. Beide Haferflockensorten mit den Kirschen und den geriebenen Äpfeln in einer Schüssel mischen. Haferdrink und Haferjoghurt hinzufügen und alles gut vermengen. Die Apfel-Flocken-Mischung abgedeckt im Kühlschrank mindestens 8 Stunden, am besten über Nacht, einweichen.

2 Am nächsten Tag die Aprikosen waschen, halbieren, entkernen und in grobe Stücke schneiden. In einem hohen Rührbecher mit dem Stabmixer glatt pürieren. Himbeeren und Blaubeeren verlesen, kurz abbrausen und abtropfen lassen.

3 Das Müsli in Schüsseln oder Gläsern anrichten, das Aprikosenpüree darauf verteilen. Mit den Beeren und etwas Minze garnieren und servieren.

KAKAO-GRANOLA
MIT NÜSSEN

HIRSEFLOCKEN | CASHEWKERNE | MANDELN | ROHKAKAO

Morgenstund hat Knuspermüsli im Mund, sagt ein leicht abgewandeltes Sprichwort.
Dieses basische Granola mit hochwertigem pflanzlichem Eiweiß, vielen Nährstoffen
und guten Carbs macht euch fit – und vor allem auch lange satt.

Für 700 g:

100 g Mandeln

100 g Cashewkerne

100 g glutenfreie kernige Haferflocken

100 g Hirseflocken

60 g Chia-Samen

50 g Sonnenblumenkerne

50 g Kürbiskerne

2 EL Kakaopulver (schwach entölt)

50 g natives Kokosöl

120 g Ahornsirup

1 TL Vanilleextrakt

Zubereitung: 15 Minuten

Backen: 30 Minuten

Pro Portion (50 g)
ca. 260 kcal, 8 g EW, 16 g F, 19 g KH

1 Den Backofen auf 160 °C vorheizen. Mandeln und Cashewkerne grob hacken. Beides in einer Schüssel mit Hafer- und Hirseflocken, Chia-Samen, Sonnenblumen- und Kürbiskernen sowie dem Kakaopulver mischen.

2 Das Öl leicht erwärmen, mit dem Ahornsirup und dem Vanilleextrakt verrühren. Die Flockenmischung dazugeben und gut vermengen. Den Mix flach auf einem mit Backpapier belegten Blech verteilen und im heißen Ofen auf der mittleren Schiene etwa 30 Minuten knusprig backen, dabei zwei- bis dreimal wenden.

3 Das Granola aus dem Ofen nehmen und auf dem Blech auskühlen lassen. In ein luftdicht verschließbares Glas oder in eine Dose füllen. Das Granola hält sich trocken gelagert bis zu 4 Wochen.

4 Zum Frühstück pro Person 50 g Granola in einer Schale mit 200 ml ungesüßtem Pflanzendrink (beispielsweise Hafer-, Mandel- oder Cashewdrink) übergießen und mit 125 g frischem Obst und Beeren nach Saison servieren.

RÜBLI-HIRSEBREI MIT APFEL

MÖHREN | INGWER | ZIMT | HASELNÜSSE

*Wenn es draußen kühler wird, habe ich Lust auf warme Mahlzeiten, die mich
von innen wärmen. Nichts geht über einen nahrhaften Hirsebrei am Morgen,
der uns mit Möhren, Apfel, Zimt, Ingwer und Nüssen auf den Advent einstimmt.*

Für 4 Personen:

200 g Möhren

2 Äpfel (z. B. Boskoop)

40 g Ingwer

1 EL natives Kokosöl

200 g Hirse

*700 ml ungesüßter
Haselnussdrink*

2 TL Zimtpulver

2 Kardamomkapseln

50 g Haselnusskerne

2 EL Sonnenblumenkerne

*2 EL getrocknete Cran-
berries (ungesüßt)*

Zubereitung: 40 Minuten

*Pro Portion ca. 450 kcal,
10 g EW, 27 g F, 62 g KH*

1 Die Möhren putzen, schälen und nicht zu fein raspeln. Die Äpfel
waschen, vierteln, entkernen und in kleine Würfel schneiden. Den
Ingwer schälen und klein würfeln. Das Öl in einem Topf zerlassen
und alles darin bei mittlerer Hitze etwa 2 Minuten andünsten. Die
Hirse hinzufügen und unter Rühren weitere 2 Minuten mitdünsten.

2 Den Haselnussdrink und 250 ml Wasser dazugießen, Zimt und
Kardamomkapseln untermischen. Die Hirsemischung kurz aufkochen und bei milder Hitze zugedeckt 15 bis 18 Minuten köcheln
lassen, bis der Brei eine sämige Konsistenz hat. Dabei gelegentlich
umrühren.

3 Die Nüsse hacken und mit den Sonnenblumenkernen in einer
Pfanne ohne Fett bei mittlerer Hitze goldbraun rösten. Herausnehmen und abkühlen lassen. Die Cranberries hacken.

4 Den Hirsebrei auf Schalen oder tiefe Teller verteilen. Mit den
Cranberries und der Nussmischung bestreut servieren.

BUCHWEIZEN-PANCAKES MIT BEEREN-SKYR

BUCHWEIZENMEHL | BANANE | HASELNUSSDRINK | VANILLE

Glück lässt sich stapeln – mit Pancakes, Skyr und frischen Beeren. Ganz nebenbei könnt ihr so schon am Morgen eine ordentliche Portion Eiweiß tanken und euer Vitalstoff-konto auffüllen. Bei uns sind die fluffigen Minis am Frühstückstisch heiß begehrt.

Für 4 Personen:

1 große Banane

300 ml ungesüßter Hasel-nussdrink

½ TL gemahlene Vanille

Salz

200 g Vollkorn-Buchweizenmehl

2 TL Weinstein-Backpulver

2 TL Flohsamenschalen

250 g gemischte Beeren (z.B. Blaubeeren, Himbee-ren, Rote Johannisbeeren)

400 g vegane Skyr-Alternative natur

8 TL Rapsöl

Zubereitung: 50 Minuten

Pro Portion ca. 420 kcal, 13 g EW, 16 g F, 50 g KH

1 Banane schälen, in grobe Stücke schneiden und mit einer Gabel zerdrücken. In einer Schüssel mit Haselnussdrink, Vanille und Salz verquirlen. Mehl mit Backpulver und Flohsamenschalen mischen und unter Rühren zur Bananenmischung geben. Alles mit dem Schnee-besen zu einem glatten Teig verrühren und diesen etwa 20 Minuten ruhen lassen.

2 Die Beeren verlesen, kurz abbrausen und abtropfen lassen. Die Hälfte der Beeren beiseitelegen, den Rest in einem hohen Rührbecher mit dem Stabmixer glatt pürieren. Dann mit dem Skyr verrühren.

3 Den Backofen auf 80 °C vorheizen. Aus dem Teig nacheinander 16 Pancakes backen. Dazu 2 TL Öl in einer großen beschichteten Pfanne erhitzen. Pro Pancake 2 EL Teig hineingeben und bei mittlerer Hitze auf jeder Seite 2 Minuten goldbraun backen. Die fertigen Pan-cakes im Ofen warm halten. Den Teig auf diese Weise aufbrauchen.

4 Die Pancakes auf einer Seite mit 1 bis 2 EL Beeren-Skyr bestreichen und je 4 Stück auf einem Teller aufeinanderstapeln. Mit den übrigen Beeren und nach Belieben mit Minzeblättern garnieren.

SÜSSKARTOFFEL-TOASTS

Ja, ihr habt richtig gelesen! Toasts gehen auch ohne Weizen. Die Basis bilden gebackene Süßkartoffelscheiben, die dann nach Geschmack mit Frischkäse, Avocado und Tomaten, Spargel und Putenbrust oder Spinat und Ei belegt werden. Bei so einem gesunden Start in den Tag lasse ich mir doch glatt die Butter vom Brot nehmen ...

SÜSSKARTOFFEL-TOASTS

Für 4 Personen: 2 Süßkartoffeln (à ca. 300 g) schälen, der Länge nach in etwa 1 cm dicke Scheiben schneiden und auf ein mit Backpapier belegtes Backblech geben. Die Süßkartoffelscheiben mit 1 EL Olivenöl bestreichen und im 200 °C heißen Backofen auf der mittleren Schiene 15 bis 20 Minuten backen. Aus dem Ofen nehmen, mit Salz und Pfeffer würzen und nach Geschmack belegen und servieren.

TIPP: Alternativ kannst du die Süßkartoffelscheiben auch mehrmals im Toaster anrösten, bis sie außen knusprig und innen weich sind.

Zubereitung: 15 Minuten
Backen: 15–20 Minuten
Pro Portion ca. 110 kcal, 1 g EW, 3 g F, 18 g KH

... MIT AVOCADO UND TOMATEN

Für 4 Personen: 1 Avocado halbieren, entkernen, das Fruchtfleisch mit einem Löffel aus der Schale heben und quer in Scheiben schneiden. 200 g Cocktailtomaten waschen und halbieren. 30 g Alfalfa-Sprossen in einem Sieb abbrausen und abtropfen lassen. 200 g scharfen Ajvar auf den gebackenen Süßkartoffelscheiben (siehe Grundrezept) verstreichen. Mit Avocadoscheiben und Tomaten belegen, mit Salz und Pfeffer würzen. Die Sprossen darüber verteilen, mit 2 EL Limettensaft und 1 EL Olivenöl beträufeln.

Zubereitung: 20 Minuten
Pro Portion ca. 250 kcal, 3 g EW, 12 g F, 28 g KH

… MIT SPARGEL UND PUTE

Für 4 Personen: 250 g grünen Spargel waschen, holzige Enden abschneiden, das untere Drittel schälen und die Stangen einmal längs und einmal quer halbieren. 1 EL Olivenöl in einer beschichteten Pfanne erhitzen und den Spargel darin bei mittlerer Hitze 3 bis 4 Minuten goldbraun anbraten. Mit Salz, Pfeffer und 2 TL Zitronensaft würzen, vom Herd nehmen. 30 g Rucola verlesen, waschen, trocken schütteln, grobe Stiele entfernen. 150 g Ziegenfrischkäse (Halbfettstufe) auf den gebackenen Süßkartoffelscheiben (siehe Grundrezept) verstreichen. Mit dem gebratenen Spargel, 100 g grob zerpflücktem Putenbrust-Aufschnitt und Rucola belegen und servieren.

Zubereitung: 20 Minuten
Pro Portion ca. 215 kcal, 12 g EW, 8 g F, 21 g KH

… MIT SPINAT UND SPIEGELEI

Für 4 Personen: 400 g jungen Blattspinat verlesen, waschen und trocken schleudern. 2 Frühlingszwiebeln waschen, putzen und in feine Ringe schneiden. 1 Knoblauchzehe schälen und fein würfeln. Beides in 1 EL Olivenöl in einer Pfanne 2 bis 3 Minuten dünsten. Spinat dazugeben, bei mittlerer Hitze 2 bis 3 Minuten dünsten, bis die Blätter leicht zusammengefallen sind. Mit Salz, Pfeffer und frisch geriebener Muskatnuss würzen. Den Spinat auf 4 große gebackene Süßkartoffelscheiben (siehe Grundrezept) verteilen und mit 30 g gehackten Haselnüssen bestreuen. 1 TL Butter in einer großen beschichteten Pfanne erhitzen. 4 Eier (Größe M) einzeln aufschlagen und darin bei mittlerer Hitze zu Spiegeleiern braten, leicht salzen und pfeffern. Jede Süßkartoffelscheibe mit einem Spiegelei toppen und servieren.

Zubereitung: 25 Minuten
Pro Portion ca. 310 kcal, 12 g EW, 17 g F, 22 g KH

BUNTE AVOCADOSCHNITTEN MIT ROHKOST

ROGGENBROT | HÜTTENKÄSE | KÜRBISKERNE | SNACK-PAPRIKA

Einmal auftanken, bitte! Meine Vitalschnitten mit cremigem Avocadoaufstrich, Kürbiskernen und knackfrischem Gemüse haben jede Menge gesunde Fettsäuren, Vitamine und gute Kohlenhydrate im Gepäck, damit ihr turboschnell durchstarten könnt.

Für 4 Personen:

1 reife Avocado

2 EL Limettensaft

8 Stiele Basilikum

4 EL Kürbiskerne

100 g körniger Frischkäse (Halbfettstufe)

Salz, Pfeffer aus der Mühle

120 g bunte Snack-Paprika

120 g Cocktailtomaten

2 dünne Frühlingszwiebeln

2 EL Olivenöl

8 Scheiben Roggen-Vollkornbrot (à ca. 50 g)

Zubereitung: 30 Minuten

Pro Portion ca. 410 kcal, 15 g EW, 16 g F, 45 g KH

1 Die Avocado halbieren, entkernen, das Fruchtfleisch mit einem Löffel aus der Schale heben und in einen hohen Rührbecher geben. Sofort mit 1 EL Limettensaft beträufeln. Das Basilikum abbrausen, trocken schütteln, die Blätter abzupfen und einige zum Garnieren beiseitelegen. Den Rest mit den Kürbiskernen zur Avocado geben und alles mit dem Stabmixer fein pürieren. Den Hüttenkäse unterrühren, den Aufstrich mit Salz und Pfeffer würzen.

2 Die Snack-Paprika waschen, putzen und in etwa ½ cm große Würfel schneiden. Die Tomaten waschen und vierteln. Die Frühlingszwiebeln waschen, putzen und in feine Ringe schneiden. Die Paprikawürfel, Tomaten und Frühlingszwiebeln mit dem übrigen Limettensaft und dem Öl mischen.

3 Die Vollkornbrotscheiben nacheinander in einem Toaster rösten. Die Avocadocreme auf die Brotscheiben streichen und die Paprika-Salsa darauf verteilen. Mit dem übrigen Basilikum garnieren und sofort servieren.

BÜFFELMOZZARELLA
AUF GRÜNEM GEMÜSE

BROKKOLI | SPARGEL | MANGOLD | ZUCKERSCHOTEN

Es ist leicht, frisch und knackig, daher setze ich gern schon zum Frühstück auf grünes Gemüse. Spargel, Brokkoli, Mangold und Zuckerschoten sind tolle Muntermacher, vollgepackt mit wertvollen Vitaminen. Ein pikantes Frühstück mit echtem Gesundheitsplus!

Für 4 Personen:

300 g grüner Spargel

250 g Brokkoliröschen

250 g Mangold

150 g Zuckerschoten

je 1 EL Pinien- und Kürbiskerne

5 EL Olivenöl

Salz, Pfeffer aus der Mühle

frisch geriebene Muskatnuss

200 ml glutenfreie Gemüsebrühe

2 EL Zitronensaft

2 EL Kürbiskernöl

200 g Mini-Büffelmozzarellakugeln

Zubereitung: 30 Minuten

Pro Portion ca. 400 kcal, 16 g EW, 32 g F, 9 g KH

1 Den Spargel waschen, die holzigen Enden abschneiden, Spargel im unteren Drittel schälen und schräg dritteln. Brokkoli waschen, putzen und in Röschen teilen. Mangold waschen, putzen, die Stiele abschneiden und in etwa ½ cm breite Stücke, die Blätter in etwa 1 cm breite Streifen schneiden. Zuckerschoten verlesen und waschen, größere Schoten schräg halbieren.

2 Pinien- und Kürbiskerne in einer kleinen beschichteten Pfanne ohne Fett bei mittlerer Hitze rösten. Herausnehmen und abkühlen lassen.

3 Das Olivenöl in einer großen beschichteten Pfanne erhitzen. Spargel, Brokkoliröschen und Mangoldstiele darin bei mittlerer bis starker Hitze unter Wenden etwa 5 Minuten braten. Zuckerschoten und Mangoldblätter dazugeben und etwa 2 Minuten mitbraten. Mit Salz, Pfeffer und Muskatnuss würzen. Die Brühe angießen und alles zugedeckt bei mittlerer Hitze 4 bis 5 Minuten bissfest dünsten.

4 Das Gemüse auf vier Teller verteilen, mit dem Zitronensaft und Kürbiskernöl beträufeln. Mini-Mozzarellakugeln abtropfen lassen und auf dem Gemüse verteilen. Mit den Kernen bestreut servieren.

QUINOA-FRÜHSTÜCKSBOWL MIT LACHS UND EI

RADIESCHEN | BABY-SPINAT | COCKTAILTOMATEN | SENF

Was für ein Fitmacher! Auf der mit Senf-Vinaigrette marinierten Quinoa tummeln sich Räucherlachs, Spinat, Mini-Tomaten und Radieschen – und entlassen euch mit einer Extraportion Eiweiß in den Tag. Das i-Tüpfelchen ist ein wachsweiches Ei.

Für 4 Personen:

200 g helle Quinoa

Salz

2 EL Balsamico bianco

2 TL mittelscharfer Senf

Pfeffer aus der Mühle

4 EL Olivenöl

8 Radieschen (ca. 100 g)

2 TL kalt gepresstes Leinöl

250 g Cocktailtomaten

100 g junger Blattspinat

200 g Räucherlachs (in Scheiben)

4 Eier (Größe M)

1 Handvoll Radieschen-sprossen

Zubereitung: 40 Minuten

Pro Portion ca. 500 kcal, 26 g EW, 27 g F, 36 g KH

1 Die Quinoa in einem Sieb kalt abspülen und gut abtropfen lassen, dann mit 500 ml Salzwasser in einem Topf aufkochen und zugedeckt bei milder Hitze etwa 20 Minuten köcheln lassen. Vom Herd ziehen und etwa 5 Minuten nachquellen lassen. Danach in einer Schüssel lauwarm abkühlen lassen. Essig, 2 EL Wasser, Senf, Salz, Pfeffer und Olivenöl verrühren, zur Quinoa geben und gut untermischen.

2 Die Radieschen waschen, putzen und in feine Scheiben schneiden, mit dem Leinöl beträufeln, salzen und pfeffern. Tomaten waschen und halbieren. Den Spinat verlesen, waschen, trocken schleudern und dicke Stiele entfernen. Den Räucherlachs in Streifen schneiden.

3 Eier in einem Topf mit kochendem Wasser 6 bis 7 Minuten wachs-weich kochen, dann kalt abschrecken, pellen und längs halbieren.

4 Die Quinoa auf vier Schalen (Bowls) verteilen. Lachs, Radieschen, Tomaten und Spinat dekorativ darauf anrichten. Je zwei Ei-Hälften auf einer Bowl platzieren. Die Sprossen kurz in einem Sieb abbrausen, ab-tropfen lassen und darüberstreuen. Sofort servieren.

KICHERERBSEN-OMELETT MIT SPINAT UND PILZEN

KICHERERBSENMEHL | BABY-SPINAT | SHISO-KRESSE | SOJASAUCE

Omeletts ohne Ei? Klingt erst mal seltsam, aber feines Kichererbsenmehl ist ein super Ersatz. Mit jungem Spinat und Pilzen sind die veganen „Eierkuchen" perfekt für ein ausgedehntes Sonntagsfrühstück. Ich esse sie aber auch gern mittags mit den Kindern.

Für 4 Personen:

160 g Kichererbsenmehl

4 TL Flohsamenschalen

4 TL Hefeflocken

1 TL getrockneter Oregano

1 TL geräuchertes Paprikapulver

Salz, Pfeffer aus der Mühle

250 ml ungesüßter glutenfreier Haferdrink

400 g junger Blattspinat

250 g Champignons

4 EL Olivenöl

2–3 EL glutenfreie Sojasauce (z.B. Tamari)

1 Beet Shiso-Kresse

Zubereitung: 50 Minuten

Pro Portion ca. 330 kcal, 17 g EW, 15 g F, 30 g KH

1 Das Kichererbsenmehl mit Flohsamen, Hefeflocken, Oregano, Paprikapulver, Salz und Pfeffer in einer Schüssel mischen. Den Haferdrink und 150 ml Wasser dazugießen und alles mit dem Schneebesen zu einem glatten Teig verrühren, etwa 10 Minuten quellen lassen. Den Spinat verlesen, waschen und trocken schleudern. Die Pilze putzen, trocken abreiben und in dünne Scheiben schneiden.

2 Den Backofen auf 80 °C vorheizen. ½ EL Öl in einer beschichteten Pfanne (Ø 20 cm) erhitzen. Ein Viertel des Teigs hineingießen und bei mittlerer bis starker Hitze etwa 3 Minuten backen, bis die Oberfläche Blasen wirft. Omelett wenden und 2 bis 3 Minuten weiterbacken. Auf diese Weise aus dem übrigen Teig mit jeweils ½ EL Öl drei weitere Omeletts backen. Auf einen Teller geben und im Ofen warm halten.

3 Das übrige Öl in einer großen beschichteten Pfanne erhitzen. Pilze und Spinat darin bei mittlerer Hitze 3 bis 4 Minuten unter Wenden zugedeckt dünsten, bis die Blätter leicht zusammengefallen sind. Mit Sojasauce würzen.

4 Die Omeletts auf Tellern anrichten. Die Spinat-Pilz-Mischung darauf verteilen und mit abgeschnittener Kresse bestreut servieren.

PAPRIKA-TOMATEN-SHAKSHUKA

ROTE ZWIEBELN | HARISSA | EIER | KORIANDERGRÜN

Shakshuka, allein der Name macht schon gute Laune. Ich zumindest muss dabei immer an wackelnde Hüften denken. Die versunkenen Eier in einer leicht scharfen Tomatensauce sind in Israel einer der beliebtesten Klassiker zum Frühstück.

Für 4 Personen:

je 1 rote, gelbe und orange Paprikaschote

2 rote Zwiebeln

2 Knoblauchzehen

3 EL Olivenöl

2 EL Tomatenmark

2 TL Harissapaste (aus dem Glas)

1 TL gemahlener Kreuzkümmel

2 Dosen Cocktailtomaten (à 400 g)

Salz, Pfeffer aus der Mühle

4 Eier (Größe M)

½ Bund Koriandergrün

Zubereitung: 30 Minuten

Pro Portion ca. 220 kcal, 11 g EW, 14 g F, 11 g KH

1 Paprika waschen, vierteln, putzen und in etwa 1 cm große Würfel schneiden. Zwiebeln schälen, halbieren und in feine Streifen schneiden. Den Knoblauch schälen und fein würfeln.

2 Das Öl in einer großen beschichteten Pfanne erhitzen. Paprika, Zwiebeln und Knoblauch dazugeben und alles unter Wenden etwa 3 Minuten braten. Tomatenmark, Harissapaste und Kreuzkümmel dazugeben und kurz mitbraten, die Cocktailtomaten hinzufügen, das Ganze einmal aufkochen lassen. Mit Salz und Pfeffer würzen und bei mittlerer Hitze offen etwa 10 Minuten einkochen lassen.

3 In die Shakshuka mit einem Löffel vier Vertiefungen drücken und jeweils 1 aufgeschlagenes Ei hineingleiten lassen. Zugedeckt bei mittlerer Hitze 5 bis 7 Minuten stocken lassen, die Eier sollten innen noch etwas flüssig sein.

4 Das Koriandergrün abbrausen, trocken schütteln, Blätter abzupfen und vor dem Servieren auf die Shakshuka streuen. Dazu passt Vollkorn-Baguette, dann ist das Gericht aber nicht mehr Low Carb.

MEHRKORN-
FRISCHKÄSE-BRÖTCHEN

MANDELMEHL | GOLD-LEINSAMEN | FLOHSAMEN | RAPSÖL

*Es gibt viele gute Gründe, sich aufs Frühstück zu freuen. Meine Power-Brötchen mit Mandel-
mehl, Floh- und Leinsamen gehören definitiv dazu. Dank jeder Menge Ballaststoffe,
B-Vitamine und gesunder Fette sind sie ideal für einen kernigen Start in den Tag.*

Für 8 Stück:

*100 g Mandelmehl
(teilentölt)*

60 g Dinkelvollkornmehl

*80 g geschroteter Gold-
Leinsamen*

*50 g Weizen- oder
Dinkelkleie*

40 g Flohsamenschalen

*2 ½ TL Weinstein-
Backpulver*

1 TL Salz

*200 g Frischkäse
(Halbfettstufe)*

4 EL Rapsöl

*je 1 EL Mohn, ungeschälter
Sesam, Sonnenblumen-
kerne, gehackte Mandeln*

Zubereitung: 30 Minuten

Quellen: 20 Minuten

Backen: 30–35 Minuten

*Pro Stück ca. 270 kcal,
11 g EW, 19 g F, 9 g KH*

1 In einer Schüssel das Mandel- und Dinkelmehl, Leinsamen, Kleie, Flohsamen, Backpulver und Salz mischen. Frischkäse und Öl in einer zweiten Schüssel mit den Quirlen des Handrührgeräts cremig rühren. Erst die Mandelmehl-Mischung, dann 200 ml heißes (nicht kochendes) Wasser unterrühren und den Teig etwa 20 Minuten quellen lassen.

2 Den Backofen auf 180 °C vorheizen. Mohn, Sesam, Sonnenblumenkerne und gehackte Mandeln in einen tiefen Teller geben und mischen. Aus dem Teig acht gleich große Brötchen formen. Die Rohlinge jeweils mit einer Seite in den Kerne-Mix drücken und auf ein mit Backpapier belegtes Blech setzen. Die Brötchen auf der mittleren Schiene im heißen Ofen 30 bis 35 Minuten goldbraun backen.

3 Das Blech aus dem Ofen nehmen und die Brötchen darauf vollständig abkühlen lassen. Die Brötchen halten sich im Kühlschrank 4 bis 5 Tage. Außerdem kann man sie prima vorbacken und einfrieren und dann bei Bedarf auftauen und aufbacken. Absolut sonntagstauglich!

FRÜHSTÜCK

GLUTENFREIES BUCHWEIZENBROT

TEFFMEHL | KICHERERBSENMEHL | KÜRBISKERNE | SONNENBLUMENKERNE

Mein allerliebstes Homemade-Brot ist außen knusprig, innen weich und kommt ganz ohne Hefe und Gluten aus. Stattdessen steckt in dem Laib dank der besonderen Mehle eine ordentliche Portion Eiweiß. Selber backen lohnt sich eben!

Für 1 Laib (ca. 800 g):
100 g Vollkorn-Buchweizenmehl
100 g Teffmehl
100 g Kichererbsenmehl
30 g Flohsamenschalen
40 g Pfeilwurzelmehl
1 TL Weinstein-Backpulver
1 TL feines Meersalz
je 30 g Kürbis- und Sonnen-blumenkerne
2 EL Apfelessig

Zubereitung: 20 Minuten
Ruhen: 20–25 Minuten
Backen: 55–60 Minuten

Pro Scheibe (80 g)
ca. 160 kcal, 7 g EW, 3 g F, 24 g KH

1 Das Buchweizen-, Teff- und Kichererbsenmehl mit Flohsamenschalen, Pfeilwurzelmehl, Backpulver, Salz, Kürbis- und Sonnenblumenkernen in einer Schüssel gut mischen – am besten mit einem Schneebesen.

2 Den Apfelessig und 430 ml kaltes Wasser hinzufügen und alles mit den Knethaken des Handrührgeräts gründlich verrühren. Die Mischung 20 bis 25 Minuten quellen lassen.

3 Den Backofen auf 180 °C vorheizen. Ein Backblech mit Backpapier belegen. Den Teig zu einem runden Laib formen und mit einem Messer mehrmals schräg einschneiden. Im heißen Ofen auf der mittleren Schiene 55 bis 60 Minuten backen. Den Klopftest machen: Mit den Fingerkuppen auf die Unterseite des Brotes klopfen. Wenn es hohl klingt, ist das Brot fertig.

4 Das Brot aus dem Ofen nehmen und auf einem Kuchenrost vollständig auskühlen lassen. Im Kühlschrank aufbewahren. Es hält sich etwa 1 Woche. In Scheiben geschnitten lässt es sich gut einfrieren.

SALATE, SUPPEN & SNACKS

Wenn der Magen knurrt, sind wir besonders anfällig für Fast Food und Co. Dabei sind Salate und Suppen viel bessere Sattmacher – und gesünder sind sie natürlich obendrein. Selbst für den Chips-Jieper gibt es tolle Alternativen.

ROT-WEISSER COLE SLAW MIT HÄHNCHEN

MÖHREN | FRÜHLINGSZWIEBELN | MANDELMUS | KÜRBISKERNE

Soll es der rote oder der weiße sein? Wer die Wahl hat, hat die Qual.
Ich habe mich für Kohl im Doppelpack entschieden. Das Ergebnis? Ein Happy Meal
mit cremigem Mandelmus-Dressing und zartem Hähnchenfilet als Begleitung.

Für 4 Personen:

300 g Weißkohl

300 g Rotkohl

Salz

200 g Möhren

4 Frühlingszwiebeln

½ Bund Petersilie

4 EL dunkles Mandelmus
(100 g)

4 EL Limettensaft

Pfeffer aus der Mühle

2 EL Kürbiskerne

2 EL Sonnenblumenkerne

2 Hähnchenbrustfilets
(à ca. 200 g)

2 EL Rapsöl

Zubereitung: 45 Minuten

Pro Portion ca. 440 kcal,
33 g EW, 25 g F, 18 g KH

1 Den Weiß- und Rotkohl waschen, putzen, vom Strunk befreien und in sehr feine Streifen hobeln oder schneiden. Die Kohlstreifen mit 1 TL Salz mischen und etwa 5 Minuten kräftig durchkneten, bis sie weich und saftig werden. Die Möhren putzen, schälen und in feine Stifte (Julienne) schneiden. Die Frühlingszwiebeln waschen, putzen und in dünne Ringe schneiden. Petersilie waschen, trocken schütteln, die Blätter abzupfen und in Streifen schneiden.

2 Für das Dressing in einer Schüssel das Mandelmus mit Limetten-saft und 100 ml kaltem Wasser mit einem Schneebesen gründlich ver-rühren, mit Salz und Pfeffer würzen. Kohl, Möhren, Frühlingszwie-beln und Petersilie dazugeben und mit der Sauce mischen. Den Salat etwa 15 Minuten ziehen lassen.

3 Kürbis- und Sonnenblumenkerne in einer kleinen beschichteten Pfanne ohne Fett anrösten. Vom Herd nehmen und abkühlen lassen.

4 Die Hähnchenbrustfilets abbrausen, trocken tupfen, salzen und pfeffern. Das Öl in einer Pfanne erhitzen und das Fleisch darin bei mittlerer Hitze rundum etwa 10 Minuten braten. Herausnehmen, in dünne Scheiben schneiden und mit dem Salat anrichten. Den Salat mit den Kernen bestreut servieren.

GRIECHISCHER ZOODLES-SALAT MIT FETA

COCKTAILTOMATEN | OLIVEN | RUCOLA | ZITRONE

*Diese Zoodles mit Rucola, Tomaten, Oliven und Schafskäse sind so frisch und knackig,
dass schon beim ersten Bissen Urlaubsgefühle aufkommen. Definitiv unser Salat des Sommers,
auch wenn wir beim Essen nur auf der Terrasse sitzen und nicht am Strand.*

Für 4 Personen:

300 g grüne Zucchini

300 g gelbe Zucchini

Salz

5 EL Zitronensaft

300 g Cocktailtomaten

100 g Rucola

*80 g schwarze Oliven
(ohne Stein)*

1 rote Zwiebel

Pfeffer aus der Mühle

2 TL flüssiger Akazienhonig

1 TL getrockneter Oregano

4 EL Olivenöl

150 g Feta (Schafskäse)

Zubereitung: 40 Minuten

*Pro Portion ca. 290 kcal,
10 g EW, 22 g F, 11 g KH*

1 Grüne und gelbe Zucchini waschen, putzen und mit einem Spiral-schneider zu „Nudeln" drehen, nach Belieben mit einer Schere grob schneiden. Die Zucchinistreifen mit 1 TL Salz und 3 EL Zitronensaft mischen und etwa 20 Minuten ziehen lassen.

2 Die Tomaten waschen und halbieren. Den Rucola verlesen, wa-schen, trocken schleudern, grobe Stiele entfernen und große Blätter grob schneiden. Die Oliven abtropfen lassen und halbieren oder vier-teln. Die Zwiebel schälen und fein würfeln.

3 Für die Vinaigrette den übrigen Zitronensaft, Salz, Pfeffer, Honig und Oregano in einer Schüssel verquirlen, das Öl mit dem Schnee-besen nach und nach unterschlagen.

4 Die Zucchini in einem Sieb abtropfen lassen und mit Tomaten, Oliven und Zwiebeln unter das Dressing mischen. Zuletzt den Rucola vorsichtig unterheben. Den Salat auf Tellern anrichten. Den Feta zer-bröckeln und vor dem Servieren darüberstreuen.

SPARGEL-KARTOFFEL-SALAT MIT BRUNNENKRESSE

RADIESCHEN | AVOCADO | KARTOFFELN | SPARGEL

Spargel, Radieschen, Mini-Kartoffeln und Avocado, dazu nussig-scharfe Brunnenkresse: Dieser bunte Frühlingssalat ist ein echter Sattmacher und steckt obendrein voller zellschützender Inhaltsstoffe. Ein echtes Sch(l)üsselerlebnis ...

Für 2 Personen:

500 g kleine festkochende Kartoffeln (z.B. Drillinge)

Salz

400 g weißer Spargel

250 g grüner Spargel

1 Bund Radieschen

200 g Brunnenkresse

1 Avocado

200 g saure Sahne (10 % Fett)

4 EL Weißweinessig

Pfeffer aus der Mühle

3 EL Olivenöl

Zubereitung: 40 Minuten

Pro Portion ca. 300 kcal, 7 g EW, 17 g F, 25 g KH

1 Die Kartoffeln gründlich waschen, in einem Topf mit Salzwasser bedeckt aufkochen lassen und 15 bis 20 Minuten weich garen, dann abgießen, abkühlen lassen und in dünne Scheiben schneiden. Weißen Spargel schälen, holzige Enden abschneiden. Grünen Spargel waschen, im unteren Drittel schälen und ebenfalls die Enden abschneiden. Alle Spargelstangen schräg in etwa 3 cm breite Stücke schneiden und in 1 l kochendem Salzwasser 8 bis 10 Minuten bissfest garen. Anschließend den Spargel abgießen, kalt abschrecken und abtropfen lassen, dabei 50 ml Kochwasser auffangen und beiseitestellen.

2 Die Radieschen waschen, putzen und in feine Scheiben hobeln oder schneiden. Die Brunnenkresse verlesen, waschen und die Blätter abzupfen. Die Avocado halbieren, entkernen, das Fruchtfleisch aus der Schale heben und in 1 bis 2 cm große Würfel schneiden.

3 Für das Dressing die saure Sahne mit Essig, dem aufgefangenen Spargelkochwasser, Salz, Pfeffer und Öl in einer Schüssel verrühren. Kartoffeln, Spargel, Radieschen und Avocadowürfel dazugeben und untermischen.

4 Zum Servieren die Hälfte der Brunnenkresse vorsichtig unter den Salat heben. Auf Tellern anrichten, Pfeffer grob darübermahlen und mit der übrigen Brunnenkresse bestreuen.

BUNTER SOMMERGEMÜSE-SALAT MIT EDAMAME

BLUMENKOHL | SPITZPAPRIKA | ESTRAGON | SENF

Blumenkohl hat ja leider keinen so guten Ruf. Aber mit diesem lauwarmen Salat mit grünen Sojabohnen, Spitzpaprika und sonnengereiften Tomaten habe ich schon so manchen Kohl-Skeptiker überzeugt. Perfekt dazu: eine würzige Estragon-Vinaigrette.

Für 4 Personen:

1 kleiner Blumenkohl (ca. 750 g; ohne Blätter)

Salz

250 g TK-Edamamekerne

je 1 rote und gelbe Spitzpaprikaschote

400 g kleine Strauchtomaten

2 EL Weißweinessig

2 EL Balsamico bianco

1 TL mittelscharfer Senf

Pfeffer aus der Mühle

4 EL kalt gepresstes Traubenkernöl

2 EL kalt gepresstes Leinöl

1 kleine rote Zwiebel

3 Stiele Estragon

100 g junger Blattspinat

Zubereitung: 45 Minuten

Pro Portion ca. 290 kcal, 12 g EW, 19 g F, 15 g KH

1 Den Blumenkohl waschen, putzen und in Röschen schneiden. In einem Topf 1 l Salzwasser aufkochen, den Blumenkohl und die gefrorenen Edamame darin 3 bis 4 Minuten bissfest garen. Die Mischung in ein Sieb abgießen, kalt abschrecken und abtropfen lassen, dabei 50 ml Kochwasser auffangen.

2 Paprika längs halbieren, putzen, waschen und die Hälften in 1 bis 2 cm breite Streifen schneiden. Tomaten waschen, vom Stielansatz befreien und in Spalten schneiden.

3 Für die Vinaigrette in einer Schüssel beide Essigsorten, das aufgefangene Kochwasser, Senf, Salz und Pfeffer verquirlen. Traubenkern- und Leinöl nach und nach unterrühren. Zwiebel schälen und fein würfeln. Estragon abbrausen, trocken schütteln, Blätter abstreifen, hacken und mit den Zwiebelwürfeln untermischen. Blumenkohl-Mix, Paprika und Tomaten in der Sauce wenden und etwa 5 Minuten ziehen lassen.

4 Den Spinat verlesen, waschen und trocken schleudern, grobe Stiele entfernen. Den Spinat vor dem Servieren unter den Salat heben.

GRÜNKOHLSALAT MIT VEGANEM „PARMESAN"-DRESSING

MÖHREN | APFEL | CASHEWMUS | HEFEFLOCKEN

Ich liebe Grünkohlsalat! Damit er schön geschmeidig wird und das feincremige Dressing besser aufnimmt, braucht er aber erst einmal eine kräftige Massage. Das Kneten macht ihn außerdem leichter verdaulich, weil dadurch die Zellstrukturen aufgebrochen werden.

Für 4 Personen:

300 g Grünkohl (ohne dicke Stiele)

2 EL Zitronensaft

Salz, Pfeffer aus der Mühle

1 EL Olivenöl

2 große Möhren

1 kleine Rote Bete (ca. 150 g)

1 kleiner Apfel (z. B. Elstar)

4 EL Cashewmus

3 EL Apfelessig

2 EL Hefeflocken

1 EL scharfer Senf

2 EL geschälte Hanfsamen

Zubereitung: 30 Minuten

Pro Portion ca. 315 kcal, 13 g EW, 19 g F, 21 g KH

1 Den Grünkohl waschen, putzen, die Blätter von den dicken Mittelrippen zupfen und grob schneiden. In einer Schüssel 1 EL Zitronensaft, ½ TL Salz, Pfeffer und Öl gründlich verquirlen. Den Grünkohl untermischen und mit den Händen 3 bis 5 Minuten kneten, bis die Blätter weich sind. Dann etwa 20 Minuten ziehen lassen.

2 Inzwischen Möhren und Rote Bete putzen, schälen und auf der Rohkostreibe grob raspeln. Den Apfel waschen, vierteln, entkernen und in kleine Würfel schneiden. Sofort mit dem übrigen Zitronensaft beträufeln, damit er sich nicht bräunlich verfärbt.

3 Für das Dressing das Cashewmus, 200 ml Wasser, Essig, Hefeflocken, Senf, Salz und Pfeffer in einem hohen Rührbecher mit dem Stabmixer fein und cremig pürieren.

4 Geraspelte Möhren und Rote Bete sowie die Apfelwürfel unter den Grünkohl heben. Auf Teller verteilen und das Gemüse mit dem Cashew-Dressing beträufeln. Den Salat mit Hanfsamen bestreut servieren.

GLASNUDELSALAT MIT MANGO UND TOFU

INGWER | LIMETTE | SAMBAL OELEK | GURKE

Kurztrip nach Asien: Ich liebe diesen Salat als leichtes Mittagessen, am besten ganz authentisch mit Stäbchen. Das bunte Allerlei aus Paprika, Gurke, Mango und einem wunderbar würzigen Ingwer-Chili-Limetten-Dressing ist einfach unschlagbar – vitalstoffreich und erfrischend.

Für 4 Personen:

1 Bio-Limette

1 Knoblauchzehe

30 g Ingwer

1–2 TL Sambal Oelek

2 TL geröstetes Sesamöl

1 EL Rapsöl

300 g Tofu natur

150 g Glasnudeln

1 Salatgurke

1 rote Paprikaschote

3 Frühlingszwiebeln

1 nicht zu reife Mango (ca. 400 g)

½ Bund Koriandergrün

4 EL Reisessig

4 EL glutenfreie Sojasauce (z. B. Tamari)

Zubereitung: 30 Minuten

Marinieren: 30 Minuten

Pro Portion ca. 380 kcal, 15 g EW, 11 g F, 51 g KH

1 Die Limette heiß waschen, trocken reiben und die Schale abreiben. Die Frucht halbieren und den Saft auspressen. Knoblauch und Ingwer schälen und fein würfeln. Alles mit Sambal Oelek, Sesam- und Rapsöl verrühren. Den Tofu trocken tupfen und in 1 bis 2 cm große Würfel schneiden. Die Tofuwürfel in einem tiefen Teller mit der Würzsauce mischen und etwa 30 Minuten marinieren.

2 Die Nudeln nach Packungsanweisung in kochendem Wasser etwa 3 Minuten garen, in ein Sieb abgießen, kalt abschrecken und gut abtropfen lassen. Nudeln mit einer Schere in mundgerechte Stücke schneiden.

3 Die Gurke putzen, waschen, längs halbieren, entkernen und die Hälften in dünne Scheiben schneiden. Paprika vierteln, putzen, waschen und in feine Streifen schneiden. Frühlingszwiebeln waschen, putzen und in feine Ringe schneiden. Mango schälen, Fruchtfleisch vom Stein lösen und in dünne Streifen schneiden. Den Koriander waschen, trocken schütteln und die Blätter abzupfen.

4 Den Tofu in einer heißen Pfanne bei mittlerer bis starker Hitze unter Wenden 3 bis 4 Minuten goldbraun braten. Dann mit dem ausgepressten Limettensaft, Essig und Sojasauce ablöschen. Tofu-Mix vom Herd nehmen, in einer Schüssel mit Gemüse, Mango und Glasnudeln mischen, anrichten und mit Koriander bestreut servieren.

GEMÜSESALAT MIT QUINOA

PAPRIKA | ZUCCHINI | KRÄUTERSEITLINGE | MANGOLD

*Kunterbunt und köstlich: Hier wird jede Menge frisches Gemüse geschnippelt, mariniert,
auf dem Blech gebacken und dann mit Quinoa, Mangold und einem Joghurt-Dip vollendet.
Das Resultat? Ein genialer Querbeet-Salat, den ihr ganz entspannt genießen solltet.*

Für 4 Personen:

*je 1 gelbe und rote
Paprikaschote*

2 Zucchini (à ca. 150 g)

200 g kleine Kräuterseitlinge

300 g Mangold

200 g kleine Strauchtomaten

6 Zweige Zitronenthymian

1 Zweig Rosmarin

5 EL Weißweinessig

Salz, Pfeffer aus der Mühle

6 EL Olivenöl

100 g rote Quinoa

300 g Joghurt (3,5 % Fett)

2 EL Zitronensaft

2 EL dunkles Mandelmus

*½ TL geräuchertes
Paprikapulver*

1 Handvoll Basilikum

Zubereitung: 50 Minuten
Marinieren: 30 Minuten
*Pro Portion ca. 430 kcal,
11 g EW, 36 g F, 12 g KH*

1 Paprika vierteln, putzen, waschen und in 4 bis 5 cm große Stücke schneiden. Zucchini waschen, putzen und in etwa 1 cm dicke Scheiben schneiden. Pilze putzen, längs halbieren und in 3 cm breite Stücke schneiden. Mangold waschen, putzen, die Stiele in Stücke schneiden. Die Mangoldblätter längs halbieren und quer in 2 cm breite Streifen schneiden. Tomaten waschen, vom Stielansatz befreien und halbieren.

2 Die Kräuter waschen, die Blättchen abstreifen und fein hacken. In einer Schüssel mit dem Essig, Salz, Pfeffer und Öl verquirlen. Das Gemüse – bis auf die Mangoldblätter – dazugeben und in der Marinade 30 Minuten ziehen lassen, dabei öfter wenden. Quinoa in einem Sieb unter heißem Wasser abspülen. In einem Topf mit 250 ml Salzwasser aufkochen, zugedeckt bei milder Hitze 10 bis 12 Minuten köcheln, dann ohne Hitzezufuhr 15 Minuten quellen lassen.

3 Den Backofen auf 200 °C vorheizen. Gemüse samt Marinade auf einem Blech verteilen. Im heißen Ofen auf der zweiten Schiene von unten 15 bis 20 Minuten backen. Für den Dip Joghurt, Zitronensaft, Mandelmus, Salz und Paprikapulver gründlich verrühren.

4 Das Gemüse aus dem Ofen nehmen, Quinoa und Mangoldblätter untermischen. Den Mix auf einer Platte anrichten und mit dem in Streifen geschnittenen Basilikum bestreuen. Mit dem Dip servieren.

MÖHREN-FALAFEL
MIT TAHIN-DRESSING

KICHERERBSEN | TAHIN | RUCOLA | SESAM

Vegan zu kochen ist einfacher, als viele denken. Für alle, die noch zweifeln: Diese Orientbällchen mit Möhren, Petersilie, Sesam und Kreuzkümmel sind wunderbar saftig und mindestens genauso lecker wie frittierte. Dabei übernimmt der Backofen die meiste Arbeit.

Für 4 Personen:

500 g Möhren

1 Bund Petersilie

1 Dose Kichererbsen (265 g Abtropfgewicht)

70 g glutenfreie zarte Haferflocken

6 EL Olivenöl

Salz, Pfeffer aus der Mühle

1 ½ TL gemahlener Kreuzkümmel

2 EL ungeschälter Sesam

250 g Sojajoghurt natur

3 EL Tahin (Sesampaste)

2 EL Zitronensaft

100 g Rucola

2 Mini-Salatgurken

300 g kleine Strauch-tomaten

2 kleine rote Zwiebeln

Zubereitung: 45 Minuten

Pro Portion ca. 500 kcal, 16 g EW, 29 g F, 38 g KH

1 Die Möhren putzen, schälen und grob raspeln. Petersilie waschen, trocken schütteln, Blätter abzupfen und hacken. Kichererbsen in ein Sieb abgießen, kalt abbrausen und gut abtropfen lassen. Haferflocken im Blitzhacker zu Mehl zerkleinern, mit den Kichererbsen und 2 EL Öl fein pürieren. Das Püree mit Möhren und Petersilie mischen, mit Salz, Pfeffer und Kreuzkümmel würzen und 15 Minuten ruhen lassen.

2 Den Backofen auf 200 °C vorheizen. Aus der Masse mit leicht angefeuchteten Händen 20 Falafeln rollen, leicht flach drücken und auf ein mit Backpapier belegtes Backblech legen. Mit 2 EL Öl bestreichen, mit dem Sesam bestreuen und auf der mittleren Schiene im heißen Ofen etwa 15 Minuten backen. Dann wenden, mit dem restlichen Öl bestreichen und weitere etwa 15 Minuten backen.

3 Joghurt, Tahin, 3 EL Wasser und Zitronensaft verrühren, mit Salz und Pfeffer würzen. Rucola verlesen, waschen, trocken schütteln und grobe Stiele entfernen. Gurken und Tomaten waschen, putzen und in Scheiben schneiden. Zwiebeln schälen und in feine Ringe schneiden.

4 Rucola, Gurken, Tomaten und Zwiebeln auf Teller verteilen, mit je 3 bis 4 EL Dressing beträufeln und mit den heißen Falafeln servieren. Den übrigen Tahin-Dip dazu servieren.

SALATE, SUPPEN & SNACKS

AUBERGINE MIT LINSENSALAT UND MINZJOGHURT

ROTE LINSEN | TOMATEN | BABY-SPINAT | GRANATAPFELKERNE

*Auberginen aus dem Ofen mit minzig-frischem Joghurt-Dip und chilischarfem Linsensalat:
Für dieses Festessen nach orientalischer Art braucht ihr zwar ein bisschen Zeit,
aber es macht kaum Mühe. Perfekt, wenn ihr gute Freunde verwöhnen wollt ...*

Für 4 Personen:

2 Auberginen (à ca. 300 g)

6 EL Olivenöl

*1 TL gemahlener
Kreuzkümmel*

½ TL Pul Biber

Salz, Pfeffer aus der Mühle

200 g rote Linsen

2 Frühlingszwiebeln

2 Tomaten

50 g junger Blattspinat

4 EL Orangensaft

4 EL Zitronensaft

1 rote Chilischote

4 Stiele Minze

1 Knoblauchzehe

400 g Sojajoghurt natur

4 EL Granatapfelkerne

Zubereitung: 45 Minuten

*Pro Portion ca. 430 kcal,
17 g EW, 20 g F, 42 g KH*

1 Den Backofen auf 220 °C vorheizen. Auberginen waschen, putzen, längs halbieren und das Fruchtfleisch kreuzweise bis zur Schale einschneiden. 4 EL Öl, Kreuzkümmel, Pul Biber, Salz und Pfeffer verrühren und auf die Schnittflächen streichen. Auberginen mit den Schnittflächen nach unten auf ein mit Backpapier belegtes Blech legen und im heißen Ofen auf der mittleren Schiene etwa 20 Minuten backen.

2 Linsen in 1 l leicht gesalzenem Wasser zugedeckt bei mittlerer Hitze 7 bis 10 Minuten bissfest garen. Lauwarm abkühlen lassen. Frühlingszwiebeln waschen, putzen und in feine Ringe schneiden. Tomaten waschen und ohne Stielansatz klein würfeln. Den Spinat verlesen, waschen und trocken schütteln. Den Orangensaft, die Hälfte des Zitronensafts, Salz, Pfeffer und übriges Öl in einer Schüssel verrühren. Chilischote waschen, putzen und fein würfeln. Mit Linsen, Frühlingszwiebeln, Tomaten und Spinat in der Sauce wenden.

3 Für den Dip Minze waschen, trocken schütteln, die Blätter abzupfen und fein hacken. Knoblauch schälen und fein würfeln. Joghurt, Minze, Knoblauch, übrigen Zitronensaft und etwas Salz verrühren.

4 Die Auberginenhälften mit dem Linsensalat und dem Minzjoghurt auf Tellern anrichten. Mit den Granatapfelkernen bestreut servieren.

SALATE, SUPPEN & SNACKS

KLEINE AVOCADO-GENÜSSE

Die cremig-grüne Avocado ist meine absolute Lieblingsfrucht: gesund, nährstoffreich und unglaublich wandelbar. Ob als Salsa im Salatblatt, gegrillt nach mediterraner Art oder als süßer oder pikanter Smoothie – ich bin immer wieder begeistert, wie vielseitig sich die Powerfrucht zubereiten lässt. Noch nicht überzeugt? Hier kommen vier leckere Beweise.

RADICCHIOSCHIFFCHEN MIT AVOCADO-MANGO-SALSA

Für 4 Personen: 8 Radicchioblätter (ca. 100 g) waschen und abtropfen lassen. 1 rote Zwiebel schälen und fein würfeln. 2 Avocados halbieren, entkernen, Fruchtfleisch aus der Schale heben und klein würfeln. 1 Mango schälen, Fruchtfleisch vom Stein schneiden und klein würfeln. 4 EL Limettensaft mit Salz, Pfeffer, ¼ TL Cayennepfeffer, ½ TL gemahlenem Kreuzkümmel und 2 EL Olivenöl verrühren. Avocado, Mango und Zwiebel dazugeben und untermischen. ½ Bund Koriandergrün abbrausen, trocken schütteln, Blätter abzupfen und unterheben. Avocado-Salsa in die Radicchioblätter verteilen und servieren.

Zubereitung: 20 Minuten

Pro Portion ca. 210 kcal, 2 g EW, 15 g F, 14 g KH

GEGRILLTE AVOCADO MIT TOMATEN UND FETA

Für 4 Personen: 300 g Tomaten waschen, ohne Stielansatz vierteln, entkernen und klein würfeln. 150 g Feta (Schafskäse) ebenfalls in kleine Würfel schneiden. ½ Bund Petersilie und 2 Stiele Minze abbrausen, trocken schütteln, Blätter abzupfen und hacken. Alle Zutaten mit 2 EL Weißweinessig, Salz, Pfeffer, ½ TL Pul Biber und 2 EL Olivenöl mischen. 2 Avocados halbieren und entkernen. Eine Grillpfanne mit 1 EL Olivenöl auspinseln und die Avocadohälften darin mit den Schnittflächen nach unten bei mittlerer bis starker Hitze 4 bis 5 Minuten grillen. Herausnehmen, mit Salz und Pfeffer würzen. Mit dem Tomatensalat anrichten.

Zubereitung: 30 Minuten

Pro Portion ca. 295 kcal, 8 g EW, 26 g F, 5 g KH

AVOCADO-SPINAT-SMOOTHIE

Für 4 Gläser (à 250 ml): 1 Avocado halbieren, Fruchtfleisch mit einem Löffel aus der Schale heben und klein schneiden. 60 g jungen Blattspinat verlesen, waschen und trocken schütteln. 200 g Papaya entkernen, schälen und grob in Stücke schneiden. ½ Bund Petersilie waschen, trocken schütteln und klein schneiden. Alle Zutaten mit 4 EL Limettensaft in einen Mixer geben. 500 ml kalte Trinkmolke dazugießen. Erst auf kleiner Stufe, dann auf höchster Stufe fein pürieren. Den Smoothie in vier Gläser füllen und sofort servieren.

Zubereitung: 10 Minuten

Pro Portion ca. 110 kcal, 2 g EW, 5 g F, 12 g KH

AVOCADO-ORANGEN-LASSI

Für 4 Gläser (à 300 ml): 1 Avocado halbieren, Fruchtfleisch mit einem Löffel aus der Schale heben und grob schneiden. 1 große Orange schälen und in Stücke schneiden, 2 Saftorangen halbieren und auspressen. Das Avocado- und Orangenfruchtfleisch mit dem Orangensaft, 4 EL Zitronensaft und 500 ml kalter Buttermilch in einen Mixer geben. Alles zuerst auf kleiner, dann auf höchster Stufe fein pürieren. Falls das Lassi zu dickflüssig ist, nach Belieben noch 100 ml kaltes Wasser untermixen. In vier Gläser füllen und sofort servieren.

Zubereitung: 10 Minuten

Pro Portion ca. 150 kcal, 6 g EW, 6 g F, 16 g KH

VICHYSSOISE MIT FORELLENKAVIAR

KARTOFFELN | LAUCH | HAFERSAHNE | FRÜHLINGSZWIEBELN

Fein, cremig und lecker: Den Klassiker unter den kalten Gemüsesuppen mit Kartoffeln und Lauch habe ich mit Olivenöl und Hafersahne auf light getrimmt. Lässt sich problemlos am Vorabend zubereiten und ist perfekt für einen Brunch oder als Vorspeise.

Für 4 Personen:

400 g Lauch

400 g mehligkochende Kartoffeln

1 Zwiebel

2 EL Olivenöl

Salz, Pfeffer aus der Mühle

1 l glutenfreie Gemüse-brühe

1 Lorbeerblatt

200 ml glutenfreie Hafersahne

1–2 EL Weißweinessig

1 Msp. frisch geriebene Muskatnuss

3 Frühlingszwiebeln

2 EL Forellenkaviar

Zubereitung: 30 Minuten

Kühlen: 2 Stunden

Pro Portion ca. 260 kcal, 6 g EW, 15 g F, 23 g KH

1 Den Lauch waschen, putzen, das Weiße und Hellgrüne in feine Ringe schneiden. Die Kartoffeln schälen, waschen und in Würfel schneiden. Die Zwiebel schälen und fein würfeln.

2 Das Öl in einem Topf erhitzen, Lauch, Kartoffeln und Zwiebel darin bei mittlerer Hitze 3 bis 4 Minuten dünsten. Mit Salz und Pfeffer würzen. Die Brühe dazugießen, das Lorbeerblatt hinzufügen. Alles aufkochen und zugedeckt bei milder Hitze etwa 15 Minuten köcheln lassen, dabei ab und zu umrühren.

3 Die Suppe vom Herd nehmen, Lorbeer entfernen, Suppe mit dem Stabmixer sehr fein pürieren. In eine Schüssel umfüllen, die Hafersahne unterrühren. Die Vichyssoise mit Essig, Salz, Pfeffer und Muskatnuss abschmecken. Abkühlen lassen und mindestens 2 Stunden abgedeckt in den Kühlschrank stellen.

4 Zum Servieren die Frühlingszwiebeln waschen, putzen, das Weiße und Hellgrüne in feine Ringe schneiden. Die kalte Suppe eventuell nachwürzen und in Gläser oder Suppenschalen füllen. Die Frühlingszwiebeln und den Kaviar darauf anrichten und servieren.

ERDBEER-TOMATEN-GAZPACHO

EIERTOMATEN | OLIVENÖL | PEPERONI | LIMETTE

Hitzefrei! Das kalte Süppchen mit sonnengereiften Tomaten, Erdbeeren und Basilikum ist die beste Erfrischung, die man sich im Sommer wünschen kann. Reichlich Kalium reguliert den Wasser-Elektrolyt-Haushalt und Vitamin A schützt eure Haut.

Für 4 Personen:

1 kg reife Eiertomaten

250 g Erdbeeren

1 rote Zwiebel

1 rote Pfefferschote (Peperoni)

1 Bio-Limette

2 EL Rotweinessig

3 EL Olivenöl

Salz, Pfeffer aus der Mühle

60 g Vollkornbaguette

Cayennepfeffer

200 g Cocktailtomaten

2 Stiele Basilikum

Zubereitung: 30 Minuten

Kühlen: 1 Stunde

Pro Portion ca. 200 kcal, 5 g EW, 9 g F, 20 g KH

1 Die Tomaten waschen und in grobe Stücke schneiden, dabei Stielansätze entfernen. Erdbeeren waschen, putzen und 4 Beeren beiseitelegen. Zwiebel schälen und würfeln. Pfefferschote waschen, putzen, halbieren und entkernen. Limette heiß waschen, die Schale fein abreiben und den Saft auspressen.

2 Die Tomatenstücke, Erdbeeren, Zwiebel, Peperoni, Limettensaft und -schale, Essig, 2 EL Olivenöl, Salz und Pfeffer in einem Standmixer erst auf niedrigster, dann auf höchster Stufe fein pürieren. Das Püree mindestens 1 Stunde kalt stellen.

3 Zum Servieren das Baguette in etwa 1 cm große Würfel schneiden und in einer Pfanne mit dem restlichen Öl bei mittlerer bis starker Hitze 3 bis 4 Minuten goldbraun rösten. Mit Salz und Cayennepfeffer würzen, vom Herd nehmen.

4 Die Cocktailtomaten waschen und vierteln. Übrige Erdbeeren in Scheiben schneiden. Basilikum abbrausen, trocken schütteln, Blätter abzupfen. Gazpacho durchrühren, mit Salz, Pfeffer und Cayennepfeffer abschmecken und auf Schüsseln verteilen. Mit Tomaten, Erdbeeren, Croûtons und Basilikum bestreut servieren.

FRÜHLINGS-MINESTRONE

MÖHREN | FENCHEL | SPARGEL | KRÄUTER

So liebe ich den italienischen Suppenklassiker: mit viel Gemüse der Saison in einer würzigen Brühe. Und damit auch wirklich alle satt werden, kommen als Einlage noch luftige Kräuterklößchen dazu – frischer und leichter geht's kaum.

Für 4 Personen:

30 g Butter

1 Ei (Größe M) und 1 Eigelb

150 g Magerquark

40 g Dinkelvollkornmehl

1 Handvoll Kräuter (z. B. Basilikum, Petersilie, Schnittlauch)

Salz, Pfeffer aus der Mühle

2 Möhren

1 Fenchelknolle

250 g grüner Spargel

2 Tomaten

1 Zwiebel

1 Knoblauchzehe

3 EL Olivenöl

1 ¼ l Gemüsebrühe

200 g TK-Erbsen

Zubereitung: 1 Stunde

Pro Portion ca. 390 kcal, 16 g EW, 24 g F, 23 g KH

1 Die Butter mit den Quirlen des Handrührgeräts schaumig schlagen. Nacheinander Ei, Eigelb und Quark, dann das Mehl unterrühren. Die Kräuter waschen, trocken schütteln, Blätter abzupfen und fein hacken beziehungsweise in feine Röllchen schneiden. Unter die Quarkmasse rühren, mit Salz und Pfeffer würzen. Die Masse ruhen lassen.

2 Möhren putzen, schälen, längs halbieren und schräg in Scheiben schneiden. Fenchel waschen, putzen, halbieren und in etwa 1 cm breite Streifen schneiden. Spargel waschen, Endstücke abschneiden und die Stangen im unteren Drittel schälen. Spargel in etwa 3 cm breite Stücke schneiden. Tomaten waschen, vom Stielansatz befreien und grob würfeln. Zwiebel schälen, halbieren und in Streifen schneiden. Knoblauch schälen und fein würfeln. Zwiebel, Knoblauch und Möhren im heißen Öl in einem Topf bei mittlerer Hitze etwa 3 Minuten andünsten. Brühe dazugießen, aufkochen, salzen und pfeffern. Zugedeckt bei milder Hitze etwa 5 Minuten köcheln lassen. Tomaten, Fenchel, Spargel und Erbsen dazugeben, aufkochen und weitere 10 Minuten bei mittlerer Hitze garen.

3 In einem großen Topf Salzwasser zum Kochen bringen. Mit einem Teelöffel etwa 20 Nocken von der Quarkmasse abstechen und in das kochende Wasser gleiten lassen. Die Klößchen bei milder Hitze etwa 6 Minuten gar ziehen lassen. Aus dem Wasser heben, abtropfen lassen und in Schalen oder tiefen Tellern mit der Gemüsesuppe anrichten.

MÖHREN-INGWER-CREMESUPPE MIT ERDNUSS-GREMOLATA

MÖHREN | KOKOSMILCH | KORIANDERGRÜN | ZITRONENGRAS

Kürbissuppe in allen Variationen ist bei meiner Familie der Renner. Ich mag ganz besonders diese hier – mit Kokosmilch, Curry und ordentlich Limettensaft. Das Highlight ist für mich das crunchy Asia-Topping, von dem ich schon beim Kochen naschen muss.

Für 4 Personen:

500 g Möhren

300 g Muskatkürbis

1 säuerlicher Apfel (z. B. Elstar)

1 Zwiebel

1 Knoblauchzehe

40 g Ingwer

1 EL natives Kokosöl

1 Dose Kokosmilch (400 g)

500 ml glutenfreie Gemüsebrühe

3 TL Currypulver

Salz, Pfeffer aus der Mühle

1 Stange Zitronengras

1 Bio-Limette

3 EL geröstete Erdnusskerne (ungesalzen)

1 Bund Koriandergrün

Zubereitung: 35 Minuten

Pro Portion ca. 430 kcal, 7 g EW, 33 g F, 26 g KH

1 Möhren und Muskatkürbis putzen, schälen und in kleine Würfel schneiden. Den Apfel waschen, vierteln, entkernen und ebenso klein schneiden. Zwiebel, Knoblauch und Ingwer schälen, fein würfeln und in einem Topf im heißen Kokosöl bei mittlerer Hitze 2 bis 3 Minuten dünsten. Möhren, Kürbis und Apfel dazugeben und etwa 2 Minuten mitdünsten. Die Kokosmilch glatt rühren, 4 EL für die Garnitur abnehmen und beiseitestellen, restliche Kokosmilch und die Brühe in den Topf geben, mit Curry, Salz und Pfeffer würzen. Aufkochen und bei milder Hitze zugedeckt etwa 15 Minuten köcheln lassen.

2 Für die Gremolata das Zitronengras einschneiden, die äußeren harten Blätter ablösen und die unteren etwa 10 cm groß würfeln. Limette heiß waschen, abtrocknen und die Schale fein abreiben, 2 EL Limettensaft auspressen. Die Erdnüsse hacken. Koriandergrün abbrausen, trocken schütteln, Blätter abzupfen und hacken. Zitronengras, Limettenschale, Nüsse und Koriander mischen.

3 Die Suppe im Mixer oder mit dem Stabmixer fein pürieren. Mit Salz, Pfeffer und Limettensaft abschmecken. Auf Schüsseln oder tiefe Teller verteilen, mit der beiseitegestellten Kokosmilch verzieren und mit der Gremolata bestreut servieren.

PIKANTE WALNUSS-ENERGY-BALLS

WEISSE BOHNEN | HAFERFLOCKEN | TOMATENMARK | PARMESAN

Bei diesen Powerbällchen könnt ihr euch das Backen sparen. Weiße Bohnen, Haferflocken und getrocknete Tomaten werden einfach nur gehackt, in einer Panade aus Walnüssen gerollt – und schon landen sie mit einem Happs im Mund. Ideal, wenn der kleine Hunger kommt.

Für 22 Stück:

200 g weiße Bohnen (aus der Dose)

50 g getrocknete Tomaten (in Öl)

4 EL glutenfreie zarte Haferflocken

50 g frisch geriebener Parmesan

1 EL Tomatenmark

1 TL getrockneter Oregano

Salz, Pfeffer aus der Mühle

50 g Walnusskerne

Zubereitung: 40 Minuten

Kühlen: 30 Minuten

Pro Stück ca. 40 kcal, 2 g EW, 2 g F, 3 g KH

1 Die Bohnen abgießen, in einem Sieb kalt abbrausen und gut abtropfen lassen. Die Tomaten abtropfen lassen und in grobe Stücke schneiden.

2 Die Bohnen, Tomaten, Haferflocken, Parmesan, Tomatenmark, Oregano, Salz und Pfeffer im Blitzhacker zu einer dicken Paste zerkleinern. Die Masse etwa 30 Minuten kalt stellen.

3 Die Walnüsse fein hacken und in einer Pfanne ohne Fett goldbraun rösten. Vom Herd nehmen und in einem tiefen Teller abkühlen lassen.

4 Aus der Bohnenmasse walnussgroße Portionen abstechen, zu Kugeln rollen und in den gerösteten Walnüssen wälzen. Kühl und luftdicht verpackt halten sich die Energy Balls 5 bis 6 Tage.

GEMÜSE-POMMES
MIT KRÄUTER-QUARK-DIP

MÖHREN | KOHLRABI | SÜSSKARTOFFELN | PAPRIKAGEWÜRZ

Knusprig gebratene Möhren, Kohlrabi und Süßkartoffeln in Stäbchenform vom Blech machen satt und rundum gute Laune. Und zum Dippen gibt es Quarkcreme mit vielen frischen Kräutern. Wer braucht da noch Tiefkühl-Pommes mit Ketchup und Majo?

Für 4 Personen:

500 g Möhren

2 Kohlrabi (à ca. 300 g)

400 g Süßkartoffeln

4 EL Olivenöl

1 TL edelsüßes Paprikapulver

½ TL rosenscharfes Paprikapulver

Salz, Pfeffer aus der Mühle

400 g Magerquark

150 g saure Sahne (10 % Fett)

½ Bio-Zitrone

½ Bund Petersilie

½ Bund Schnittlauch

Zubereitung: 45 Minuten

Pro Portion ca. 400 kcal, 18 g EW, 18 g F, 35 g KH

1 Den Backofen auf 180 °C vorheizen. Möhren, Kohlrabi und Süßkartoffeln putzen, schälen und in pommesähnliche Stifte schneiden. Öl mit beiden Sorten Paprikapulver, Salz und Pfeffer in einer großen Schüssel verrühren. Die Gemüsestifte darin wenden, bis sie gleichmäßig mit den Gewürzen überzogen sind. Auf einem mit Backpapier belegten Blech verteilen, im heißen Ofen auf der zweiten Schiene von unten 25 bis 30 Minuten backen. Dabei die Gemüse-Pommes zwischendurch wenden, damit sie gleichmäßig bräunen und nicht zu dunkel werden.

2 Inzwischen für den Dip den Quark mit der sauren Sahne cremig rühren. Die Zitrone heiß waschen, abtrocknen, 1 TL Schale fein abreiben und 1 EL Zitronensaft auspressen. Die Kräuter abbrausen und trocken schütteln, Petersilienblätter abzupfen und hacken, Schnittlauch in feine Röllchen schneiden. Zitronensaft und -schale sowie die Kräuter unter die Quarkcreme rühren, mit Salz und Pfeffer würzen.

3 Die Gemüse-Pommes aus dem Ofen nehmen und mit dem Kräuterquark anrichten. Sofort servieren.

GEMÜSE-LEINSAMEN-CRACKER

SONNENBLUMENKERNE | BUCHWEIZEN | ZUCCHINI | MÖHREN

Fröhliche Snack-Time: Die herzhaften Cracker mit Zucchini, Möhren und Kernen sind mit Thymian gewürzt – und ratzfatz weggeknuspert. Vor allem, wenn ihr noch ein oder zwei cremige Dips mit Erbsen, Kräutern oder Quark dazu serviert.

Für 48 Stück:

80 g Buchweizen

80 g Sonnenblumenkerne

40 g Kürbiskerne

50 g Leinsamen

100 g Zucchini

1 Möhre

1 Zwiebel

3 EL geschroteter Leinsamen

1 TL getrockneter Thymian

Salz, Pfeffer aus der Mühle

Zubereitung: 30 Minuten

Einweichen: 4 Stunden

Backen: 1 ½ Stunden

Pro Stück ca. 30 kcal, 1 g EW, 1,5 g F, 2 g KH

1 Für die Cracker Buchweizen, Sonnenblumen- und Kürbiskerne mit Wasser bedeckt 4 Stunden einweichen. Den Leinsamen separat in 150 ml Wasser 4 Stunden einweichen. Dann die Kerne-Mischung in ein Sieb abgießen, abbrausen, gut abtropfen lassen und im Blitzhacker zerkleinern.

2 Die Zucchini waschen und putzen, die Möhre schälen und beides auf der Gemüsereibe grob raspeln. Die Zwiebel schälen und fein würfeln. Alles mit dem geschroteten und dem eingeweichten Leinsamen samt Wasser in einer Schüssel unter die Kernmischung rühren. Mit Thymian, Salz und Pfeffer würzen.

3 Den Backofen auf 160 °C vorheizen. Den Teig zwischen zwei Bögen Backpapier auf die Größe des Backblechs (ca. 30 x 40 cm) ausrollen. Auf das Blech ziehen, das obere Backpapier entfernen und den Teig mit einer Gabel mehrmals einstechen. Im heißen Ofen auf der mittleren Schiene etwa 30 Minuten backen.

4 Das Blech aus dem Ofen nehmen und die Temperatur auf 140 °C herunterschalten. Den gebackenen Teig auf dem Blech in 48 Quadrate (à ca. 5 x 5 cm) schneiden und im Ofen bei leicht geöffneter Ofentür weitere 60 Minuten trocknen lassen. Cracker auf dem Blech vollständig abkühlen lassen. In Blechdosen an einem kühlen, trockenen Ort lagern und innerhalb von 3 Wochen verzehren.

BUNTE GEMÜSECHIPS

SÜSSKARTOFFELN | MÖHREN | ROTE BETEN | TOPINAMBUR

Erst wird hauchdünn gehobelt, dann gewürzt und gebacken – und simsalabim verwandeln sich Wurzelgemüse und Bataten zu einer ebenso knusprigen wie gesunden Knabberei. Ich serviere sie als Chipsersatz oder verwende sie als Topping für Suppen oder Salate.

Für ca. 200 g:

400 g Süßkartoffeln

2 große Möhren (ca. 250 g)

2 kleine Rote Beten (ca. 300 g)

250 g Topinambur

6 EL Olivenöl

1 TL getrockneter Thymian

1 TL geräuchertes Paprikapulver

1 TL gemahlener Koriander

feines Meersalz

Zubereitung: 30 Minuten

Backen: insgesamt 1½ Stunden

Pro Portion (25 g) ca. 30 kcal, 0 g EW, 1 g F, 3 g KH

1 Süßkartoffeln, Möhren, Rote Beten und Topinambur putzen, schälen und jeweils separat auf einem Gemüsehobel in etwa 2 mm dünne Scheiben hobeln. Bei der Verarbeitung der Roten Beten am besten Einweghandschuhe tragen, weil die Knollen stark abfärben.

2 Die Süßkartoffeln mit 2 EL Öl, Thymian und Paprikapulver mischen. Die Roten Beten mit 2 EL Öl, Koriander und ½ TL Meersalz vermengen. Topinambur und Möhren mischen und mit dem übrigen Öl und 1 TL Meersalz würzen.

3 Den Backofen auf 180 °C vorheizen. Süßkartoffeln, Rote Beten und Möhren-Topinambur nacheinander auf einem Backblech verteilen. Dabei darauf achten, dass sich die Scheiben nur leicht überlappen. Die Gemüsescheiben nacheinander im heißen Ofen auf der mittleren Schiene knusprig backen: die Roten Beten etwa 40 Minuten, die Süßkartoffeln etwa 30 und die Möhren-Topinambur 15 bis 20 Minuten. Dabei die Gemüsescheiben zwischendurch wenden.

4 Die Gemüsechips auf dem Blech abkühlen lassen. Luftdicht aufbewahren, sie halten sich 2 bis 3 Wochen.

SALATE, SUPPEN & SNACKS

HAUPT-
GERICHTE

Wenn alle am Tisch sitzen, miteinander reden und lachen, bin ich glücklich – erst recht, wenn dann noch alle kräftig zulangen. Das Tolle an der gesunden Basenküche ist ja, dass wirklich jeder etwas findet, das ihm schmeckt.

ROSENKOHL-REIS-BOWL MIT ROTE-BETE-HUMMUS

MÖHREN | PAPRIKA | KICHERERBSEN | WALNÜSSE

Rosenkohl mag ja vielleicht nicht jeder, aber ich liebe ihn. Er muss allerdings schön knackig sein und am besten noch mit vielen anderen Gemüsen daherkommen, so wie in dieser Bowl. Das pinkfarbene Hummus ist das i-Tüpfelchen – geschmacklich und optisch.

Für 4 Personen:

2 Schalotten

1 Knoblauchzehe

4 EL Olivenöl

250 g Vollkornreis

500 ml glutenfreie Gemüsebrühe

300 g Rosenkohl, Salz

2 Möhren

1 rote Paprikaschote

300 g gegarte Rote Bete (vakuumverpackt)

150 g Kichererbsen (aus der Dose)

Pfeffer aus der Mühle

½ TL gemahlener Kreuzkümmel

½ Bund Petersilie

1 EL Zitronensaft

50 g Walnusskerne

Zubereitung: 45 Minuten
Pro Portion ca. 565 kcal,
15 g EW, 24 g F, 67 g KH

1 Schalotten und Knoblauch schälen, fein würfeln und in einem Topf mit 2 EL Öl bei mittlerer Hitze glasig dünsten. Reis und Brühe dazugeben, aufkochen und zugedeckt bei milder Hitze 25 bis 30 Minuten köcheln lassen, bis der Reis die Flüssigkeit vollständig aufgesogen hat.

2 Rosenkohl waschen und putzen, die Köpfe je nach Größe halbieren oder vierteln und in einem Dämpfeinsatz über kochendem Salzwasser 10 bis 15 Minuten dämpfen, sodass sie noch leicht bissfest sind. Dann vom Herd nehmen. Die Möhren putzen, schälen und in etwa 5 cm lange, dünne Stifte schneiden. Paprika vierteln, putzen, waschen und in etwa 1 cm große Würfel schneiden.

3 Für das Hummus die Rote Bete grob würfeln. Die Kichererbsen abgießen, abbrausen und abtropfen lassen. Beides mit dem restlichen Öl in einen hohen Rührbecher geben und mit dem Stabmixer glatt pürieren. Mit Salz, Pfeffer und Kreuzkümmel würzen.

4 Petersilie abbrausen, trocken schütteln, die Blätter abzupfen. Zum Garnieren einige Blätter beiseitelegen, den Rest fein hacken. Den Reis auflockern, mit Salz, Pfeffer, Petersilie und Zitronensaft mischen und in Bowls (Schalen) verteilen. Rosenkohl, Paprikawürfel, Möhren und Hummus darauf anrichten. Walnüsse hacken und darüberstreuen. Mit Petersilie garniert servieren.

HAUPTGERICHTE

PASTA MIT GEMÜSE-SUGO

SPARGEL | FENCHEL | TEMPEH | TOMATEN

Nudeln mit Tomatensauce gehen einfach immer! Für meinen Mega-Mix all'italiana pimpe ich den Sugo mit Spargel, Fenchel, Möhren und Oliven ordentlich auf. Statt Speck kommt gebratener Tempeh dazu und obendrauf noch ein paar geröstete Pinienkerne. Buon appetito!

Für 4 Personen:

500 g grüner Spargel

2 Fenchelknollen

4 Möhren

4 Schalotten

2 Knoblauchzehen

100 g Tempeh

2 EL Olivenöl

2 TL Tomatenmark

2 Dosen stückige Tomaten (à 400 g)

125 ml Gemüsebrühe

2 TL getrockneter Oregano

Salz, Pfeffer aus der Mühle

300 g Emmer-Vollkornspaghetti

2 EL Pinienkerne

100 g schwarze Oliven

einige Basilikumblätter

Zubereitung: 45 Minuten

Pro Portion ca. 550 kcal, 22 g EW, 17 g F, 67 g KH

1 Den Spargel waschen, im unteren Drittel schälen, dabei die Enden abschneiden. Die Stangen schräg in 2 bis 3 cm große Stücke schneiden. Fenchel waschen, putzen, vierteln und in feine Streifen schneiden. Möhren putzen, schälen, längs halbieren und schräg in etwa ½ cm breite Scheiben schneiden. Schalotten und Knoblauch schälen und fein würfeln. Tempeh in etwa ½ cm große Würfel schneiden.

2 In einem breiten Topf das Öl erhitzen. Tempeh, Schalotten, Knoblauch und Gemüse darin bei mittlerer Hitze 2 bis 3 Minuten andünsten. Das Tomatenmark unterrühren, Tomaten und Brühe dazugeben. Mit Oregano, Salz und Pfeffer würzen. Den Sugo aufkochen und offen bei milder Hitze etwa 15 Minuten köcheln lassen.

3 Die Nudeln in reichlich kochendem Salzwasser nach Packungsanweisung bissfest garen. Die Pinienkerne in einer kleinen beschichteten Pfanne ohne Fett bei mittlerer Hitze anrösten, herausnehmen und abkühlen lassen. Die Oliven abtropfen lassen.

4 Die Nudeln abgießen und kurz abtropfen lassen. Mit den Oliven zur Sauce geben und die Sauce so lange erhitzen, bis sie sämig ist. Die Pasta auf tiefe Teller verteilen. Mit den Pinienkernen bestreuen, mit Basilikum garnieren und nach Belieben Pfeffer grob darübermahlen.

VEGANE SPAGHETTI CARBONARA MIT ERBSEN

CASHEWKERNE | RÄUCHERTOFU | ERBSEN | ZUCKERSCHOTEN

In meine vegane Carbonara-Sauce kommt Cashewcreme statt Eier, Parmesan und Sahne. Gebratener Tofu ersetzt den Speck. Für Farbtupfer sorgen die knallgrünen Erbsen und reichlich gehackte Petersilie. Einfach genial!

Für 4 Personen:

150 g Cashewkerne

300 ml Gemüsebrühe

2 EL Hefeflocken

Salz, Pfeffer aus der Mühle

300 g Dinkel-Vollkorn-spaghetti

250 g Zuckerschoten

250 g TK-Erbsen

100 g Räuchertofu

1 EL Olivenöl

2 EL Zitronensaft

1 Handvoll gehackte Petersilie

Zubereitung: 35 Minuten

Einweichen: 1 Stunde

Pro Portion ca. 675 kcal, 31 g EW, 26 g F, 71 g KH

1 Die Cashewkerne mit der kochend heißen Brühe übergießen und etwa 1 Stunde einweichen. Dann die Kerne samt Brühe im Mixer oder in einem hohen Rührbecher mit dem Stabmixer fein pürieren. Mit Hefeflocken, Salz und Pfeffer würzen.

2 Die Nudeln in einem großen Topf in reichlich kochendem Salzwasser nach Packungsanweisung bissfest garen. Die Zuckerschoten waschen, putzen und schräg in feine Streifen schneiden. Etwa 4 Minuten vor Ende der Garzeit die TK-Erbsen dazugeben, aufkochen und mit den Spaghetti zu Ende garen. Zum Schluss die Zuckerschoten etwa 30 Sekunden dem Kochwasser hinzufügen.

3 Den Tofu trocken tupfen und in etwa 1 cm große Würfel schneiden. In einer Pfanne mit dem Öl bei mittlerer Hitze 3 bis 4 Minuten knusprig braten. Vom Herd nehmen, auf Küchenpapier abtropfen lassen.

4 Das Cashewpüree in einem kleinen Topf erhitzen, unter Rühren 250 ml Wasser dazugießen, bis die Sauce schön cremig ist. Kräftig mit Salz, Pfeffer und Zitronensaft würzen. Spaghetti mit Erbsen und Zuckerschoten abgießen, abtropfen lassen und sofort zurück in den Topf füllen. Zwei Drittel der Cashewsauce untermischen. Spaghetti Carbonara in tiefen Tellern anrichten, die übrige Sauce darauf verteilen und mit Tofu-Croûtons und Petersilie bestreut servieren.

HAUPTGERICHTE

GEMÜSE-HIRSE-PFANNE MIT FETA

BLUMENKOHL | PAPRIKA | HARISSA | GRÜNE BOHNEN

Hirse wird meiner Meinung nach total unterschätzt. Sie ist so eine tolle Alternative zu Reis und die in ihr enthaltene Kieselsäure bestes „Futter" für schöne Haut, glänzendes Haar und feste Fingernägel. Ein bisschen Gemüse der Saison und Schafskäse dazu, fertig!

Für 4 Personen:

250 g Hirse

950 ml glutenfreie Gemüse-brühe

400 g Blumenkohl (ohne grüne Blätter)

je 1 rote und gelbe Paprikaschote

2 Zucchini (ca. 300 g)

1 große rote Zwiebel

1 Knoblauchzehe

4 EL Olivenöl

1 EL Harissapaste (aus dem Glas)

150 g TK-Prinzessbohnen

Salz, Pfeffer aus der Mühle

½ Bund Petersilie

200 g Feta (Schafskäse)

Zubereitung: 45 Minuten

Pro Portion ca. 580 kcal, 20 g EW, 30 g F, 54 g KH

1 Die Hirse in einem Sieb mit heißem Wasser abspülen und abtropfen lassen. Dann in einem Topf mit 750 ml Brühe aufkochen und nach Packungsanweisung zugedeckt bei mittlerer Hitze 15 Minuten köcheln lassen. Anschließend auf der ausgeschalteten Herdplatte noch 10 Minuten quellen und offen ausdampfen lassen.

2 Blumenkohl waschen, putzen und in Röschen teilen, Stiele schälen und klein würfeln. Paprika vierteln, putzen, waschen und in etwa 2 cm große Stücke schneiden. Zucchini waschen, putzen, längs vierteln und in etwa 1 cm große Stücke schneiden. Zwiebel und Knoblauch schälen und fein würfeln.

3 In einer großen beschichteten Pfanne 2 EL Öl erhitzen, Blumenkohl darin bei mittlerer bis starker Hitze etwa 4 Minuten anbraten. Paprika, Zucchini, Zwiebel und Knoblauch mit dem übrigen Öl dazugeben und unter Rühren etwa 3 Minuten mitbraten. Harissa hinzufügen, kurz anrösten. Restliche Brühe (200 ml) angießen, Bohnen untermischen und das Gemüse zugedeckt 5 Minuten köcheln lassen.

4 Die Hirse unter das Gemüse mischen. Das Ganze noch etwa 5 Minuten bei milder Hitze offen garen, mit Salz und Pfeffer würzen. Petersilie abbrausen, trocken schütteln, Blätter abzupfen und hacken. Den Feta zerbröckeln und mit der Petersilie über die Hirsepfanne streuen.

GRÜNER SPARGEL-WOK
MIT TOFU

Was für ein knackig-frisches Basen-Essen aus der asiatischen Küche! Wenn Tofu, grüner Spargel, Brokkoli und Co. im Wok auf Sojasauce, Sesamöl und Chili treffen, gibt's ordentlich Aromen- und Vitalstoff-Power – ganz leicht, lecker und gesund.

Für 4 Personen:
300 g Tofu natur
400 g grüner Spargel
300 g Brokkoli
150 g Shiitake-Pilze
200 g Zuckerschoten
200 g Mungobohnensprossen
1 rote Chilischote
1 Knoblauchzehe
½ Bund Koriandergrün
250 ml glutenfreie Gemüsebrühe
5 EL glutenfreie Sojasauce (z. B. Tamari)
1 EL geröstetes Sesamöl
2 TL Reisessig
1 TL Johannisbrotkernmehl
4 EL Rapsöl zum Braten
Pfeffer aus der Mühle

Zubereitung: 45 Minuten
Pro Portion ca. 340 kcal, 21 g EW, 19 g F, 18 g KH

1 Tofu trocken tupfen und etwa 2 cm groß würfeln. Spargel waschen, im unteren Drittel schälen, die Enden abschneiden. Die Stangen längs und quer halbieren und schräg in etwa 4 cm breite Stücke schneiden. Brokkoli waschen, putzen und in Röschen teilen, Stiele schälen und würfeln. Von den Pilzen die Stiele entfernen, die Kappen in Scheiben schneiden. Zuckerschoten verlesen, waschen und schräg halbieren. Sprossen in einem Sieb abbrausen und abtropfen lassen. Chilischote waschen, putzen und in feine Ringe schneiden, Knoblauch schälen und fein würfeln. Koriandergrün abbrausen und mit den zarten Stielen grob hacken.

2 Für die Sauce die Brühe mit Sojasauce, Sesamöl, Essig und Johannisbrotkernmehl verrühren.

3 In einem Wok 2 EL Öl erhitzen. Zuerst den Tofu darin bei starker Hitze etwa 2 Minuten goldbraun anbraten, herausnehmen. Brokkoli im heißen Bratfett etwa 4 Minuten unter Wenden anbraten. Spargel mit dem übrigen Öl im Wok etwa 3 Minuten mitbraten. Dann Knoblauch, Chili, Shiitake-Pilze und Zuckerschoten hinzufügen und etwa 1 Minute mitbraten. Mit der Würzsauce ablöschen, aufkochen und weitere 5 Minuten unter Rühren braten. Sprossen und die Hälfte des Korianders dazugeben und kurz erwärmen. Mit Pfeffer würzen, mit dem restlichen Koriander bestreuen und sofort servieren.

ZUCCHINIBULETTEN MIT FITNESS-SALAT

ZUCCHINI | HAFERFLOCKEN | RADIESCHEN | SPROSSEN

Diese Goldstücke aus der Pfanne gehen bei uns weg wie warme Semmeln. Ich mache dazu gern einen knackigen Salat aus Gurke und Radieschen, in den ich auch gleich noch die Radieschenblätter zupfe. Darin steckt nämlich die geballte Pflanzenkraft – viel zu schade zum Wegwerfen.

Für 4 Personen:

500 g Zucchini

Salz

1 Zwiebel

8 ½ EL Olivenöl

1 TL getrockneter Thymian

2 EL Dinkelvollkornmehl

60 g zarte Haferflocken

2 Eier (Größe M)

40 g geriebener italienischer Hartkäse (z. B. Montello)

Pfeffer aus der Mühle

1 Bund Radieschen

1 Salatgurke

100 g gemischte Sprossen (z. B. Radieschen, Linsen, Alfalfa)

4 EL Apfelessig

Zubereitung: 45 Minuten

Pro Portion ca. 410 kcal, 14 g EW, 29 g F, 20 g KH

1 Die Zucchini waschen, putzen, grob raspeln und mit ½ TL Salz in einer Schüssel mischen, beiseitestellen. Zwiebel schälen, fein würfeln und in ½ EL Öl in einer kleinen Pfanne bei mittlerer Hitze glasig dünsten. Zucchiniraspel mithilfe eines sauberen Geschirrtuchs gut ausdrücken. In einer Schüssel mit Zwiebel, Thymian, Mehl, Haferflocken, Eiern und Käse gut mischen, kräftig mit Salz und Pfeffer würzen. Aus der Masse mit angefeuchteten Händen 12 kleine Frikadellen formen und etwa 10 Minuten ruhen lassen.

2 Die Radieschenblätter abzupfen, waschen und trocken schleudern. Radieschen waschen und vierteln. Gurke putzen, waschen, längs halbieren und quer in etwa 1 cm breite Stücke schneiden. Sprossen in einem Sieb abbrausen und abtropfen lassen. Essig, 4 EL Wasser, Salz, Pfeffer und 4 EL Öl in einer Schüssel verrühren. Radieschen, Gurke und Sprossen untermischen, Radieschenblätter unter den Salat heben.

3 Den Backofen auf 80 °C vorheizen. In einer großen beschichteten Pfanne das übrige Öl erhitzen und die Buletten darin in zwei Portionen von jeder Seite etwa 4 Minuten goldbraun braten. Die fertigen Bratlinge im Ofen warm halten. Die Zucchinibuletten mit dem Salat anrichten und servieren.

HAUPTGERICHTE

OFENKARTOFFELN

Prall, rund und gut gefüllt: Gebackene Kartoffeln aus dem Ofen sind für mich das pure Glück. Sie lassen sich leicht zubereiten und vielfach kombinieren. In Begleitung von Rotkohlsalat, grüner Mojo und Haselnüssen oder gebratenen Pfifferlingen und Kräutern werden die tollen Knollen zu einer raffinierten Basen-Schlemmerei.

OFENKARTOFFELN

Für 4 Personen: Den Backofen auf 200 °C vorheizen. 4 große vorwiegend festkochende Kartoffeln (à ca. 300 g) gründlich waschen, abbürsten und mehrmals mit einer Gabel einstechen. Kartoffeln mit 2 EL Olivenöl und etwas Salz einreiben und auf ein mit Backpapier belegtes Backblech legen. Im heißen Ofen auf der mittleren Schiene etwa 1 Stunde backen. Kartoffeln aus dem Ofen nehmen, auf der Oberseite kreuzweise einschneiden und von den Seiten her zusammendrücken. Mit Salz und Pfeffer würzen, nach Geschmack füllen und servieren.

Zubereitung: 15 Minuten

Backen: 1 Stunde

Pro Portion ca. 270 kcal, 6 g EW, 5 g F, 47 g KH

… MIT ROTKOHL UND ORANGE

Für 4 Personen: 500 g Rotkohl waschen, putzen und in feine Streifen hobeln oder schneiden. 2 Möhren putzen, schälen und raspeln. Beides mit Salz mit den Händen etwa 3 Minuten kräftig durchkneten. 1 Orange schälen, vierteln und in Scheiben schneiden, mit 1 EL Rotweinessig und 2 EL Olivenöl unter den Rotkohl heben, salzen und pfeffern. Erst den Salat, dann 300 g vegane Skyr-Alternative natur auf die Ofenkartoffeln (siehe Grundrezept) geben. Mit 2 EL gehackten Walnüssen bestreut servieren.

Zubereitung: 30 Minuten

Pro Portion ca. 470 kcal, 13 g EW, 16 g F, 59 g KH

… MIT PFIFFERLINGEN UND RICOTTA

Für 4 Personen: 500 g Ricotta, 2 EL Zitronensaft, Salz und Pfeffer verrühren. 1 Bund Schnittlauch waschen, trocken schütteln und in feine Röllchen schneiden. 150 g Radieschen waschen, putzen und klein würfeln. Beides unter den Ricotta mischen. 300 g Pfifferlinge putzen und grob schneiden. 3 Frühlingszwiebeln waschen, putzen, das Weiße und Hellgrüne schräg in feine Ringe schneiden. 2 EL Olivenöl in einer Pfanne erhitzen, Pilze darin etwa 3 Minuten bei starker Hitze scharf anbraten, mit 1 TL getrocknetem Thymian würzen. Zwiebeln dazugeben und bei mittlerer Hitze etwa 2 Minuten mitbraten, salzen und pfeffern. Ricotta-Mix in die Ofenkartoffeln füllen (siehe Grundrezept) und mit dem Pfifferling-Mix anrichten. Sofort servieren.

Zubereitung: 30 Minuten

Pro Portion ca. 500 kcal, 23 g EW, 21 g F, 51 g KH

… MIT GRÜNER MOJO UND NÜSSEN

Für 4 Personen: 50 g Haselnusskerne hacken, in einer Pfanne bei mittlerer Hitze anrösten. Auf einem Teller abkühlen lassen. 1 grüne Paprikaschote vierteln, putzen, waschen und in kleine Stücke schneiden. Je 1 Bund Petersilie und Koriandergrün waschen, trocken schütteln, Blätter abzupfen und hacken. 2 Knoblauchzehen schälen und fein würfeln. Die vorbereiteten Zutaten mit 4 EL Weißweinessig und 2 EL glutenfreien zarten Haferflocken in einem hohen Rührbecher mit dem Stabmixer fein pürieren. 100 ml Olivenöl untermixen. Mojo mit Salz und Pfeffer würzen, in die Ofenkartoffeln (siehe Grundrezept) füllen und mit den gerösteten Nüssen bestreuen.

Zubereitung: 20 Minuten

Pro Portion ca. 610 kcal, 10 g EW, 38 g F, 53 g KH

SPARGEL MIT GRÜNER SAUCE UND CHILIKARTOFFELN

SPARGEL | 7-KRÄUTER-MIX | KARTOFFELN | EIER

Von mir aus könnte das ganze Jahr Frühling sein, denn ich liebe Spargel, zum Beispiel wie hier mit grüner Sauce und wachsweichen Eiern. Gebratene Kartoffelwürfel mit herzhafter Würze machen das Glück perfekt. Wer vermisst da Schinken?

Für 4 Personen:

1 Bund Kräuter für grüne Sauce (ca. 200 g; Petersilie, Schnittlauch, Kresse, Sauerampfer, Borretsch, Pimpinelle, Kerbel)

200 g saure Sahne (10 % Fett)

250 g Joghurt natur (1,5 % Fett)

100 g Frischkäse (Halbfettstufe)

Salz, Pfeffer aus der Mühle

2 TL Zitronensaft

1½ kg weißer Spargel

800 g festkochende Kartoffeln

4 EL Olivenöl

1 rote Chilischote

2 Lorbeerblätter

4 Eier (Größe M)

Zubereitung: 45 Minuten

Pro Portion ca. 560 kcal, 25 g EW, 28 g F, 46 g KH

1 Für die Sauce die Kräuter abbrausen und trocken schleudern. Die Blätter von den Stielen zupfen und grob hacken, den Schnittlauch in feine Röllchen schneiden. Die Kräuter mit saurer Sahne, Joghurt und Frischkäse in einen hohen Rührbecher geben und mit dem Stabmixer sehr fein pürieren. Die Sauce mit Salz, Pfeffer und Zitronensaft abschmecken und abgedeckt kalt stellen.

2 Den Spargel sorgfältig schälen und die Enden knapp abschneiden. In einem großen Topf 1,5 l Salzwasser zum Kochen bringen und den Spargel darin einmal sprudelnd aufkochen. Dann bei milder Hitze 10 bis 12 Minuten zugedeckt garen.

3 Die Kartoffeln schälen, waschen, abtropfen lassen und etwa 1 cm groß würfeln. Das Öl in einer großen beschichteten Pfanne erhitzen, die Kartoffelwürfel darin bei mittlerer Hitze 15 bis 20 Minuten goldbraun braten. Die Chilischote waschen, putzen und in feine Ringe schneiden, mit dem Lorbeer nach 10 Minuten dazugeben. Alles mit Salz und Pfeffer würzen und fertig braten (Lorbeerblätter entfernen).

4 Die Eier in kochendem Wasser 6 bis 7 Minuten garen, abgießen, kalt abschrecken, pellen und halbieren. Den Spargel aus dem Sud nehmen und abtropfen lassen. Mit Chilikartoffeln, Eiern und grüner Sauce auf vorgewärmten Tellern anrichten und sofort servieren.

KARTOFFELPUFFER MIT GRÜNKOHL

KARTOFFELN | WALNÜSSE | GRÜNKOHL | APFEL

Grünkohl-Zeit ist Moni-Zeit, daher freue ich mich jedes Jahr auf den Herbst. Ich backe zu dem aromatischen Superfood-Gemüse gern knusprige Reibekuchen – schon der Duft beim Braten lockt meine Lieben in die Küche. Für die Kids kommt dann noch Apfelmus mit auf den Tisch.

Für 4 Personen:

1 kg vorwiegend fest-kochende Kartoffeln

30 g Walnusskerne

1 Ei (Größe M)

2 EL glutenfreie zarte Haferflocken

Salz, Pfeffer aus der Mühle

8 EL Rapsöl zum Braten

500 g Grünkohl (ohne dicke Stiele)

1 Zwiebel

40 g Ingwer

2 Knoblauchzehen

1 säuerlicher Apfel (z. B. Boskoop)

2 EL Olivenöl

1 TL Currypulver

Zubereitung: 50 Minuten

Pro Portion ca. 600 kcal, 15 g EW, 33 g F, 54 g KH

1 Die Kartoffeln schälen, waschen und grob raspeln. Die Nüsse hacken, mit den Kartoffeln mischen. Das Ei und die Haferflocken unterrühren. Die Kartoffelmasse mit Salz und Pfeffer würzen.

2 Den Backofen auf 100 °C vorheizen. 2 EL Öl zum Braten in einer großen beschichteten Pfanne erhitzen. Jeweils 5 gehäufte EL Kartoffelteig nebeneinander in der Pfanne etwas flachdrücken und bei mittlerer Hitze auf jeder Seite 4 bis 5 Minuten goldbraun braten. Die fertigen Puffer auf Küchenpapier auf einem Blech abtropfen lassen und im Ofen warm halten. Mit dem übrigen Öl und dem restlichen Teig weitere Puffer braten.

3 Den Grünkohl putzen, gründlich waschen, gut abtropfen lassen und in feine Streifen schneiden. Zwiebel, Ingwer und Knoblauch schälen und fein würfeln. Den Apfel waschen, vierteln, entkernen und die Viertel quer in dünne Scheiben schneiden.

4 In einem breiten Topf das Öl erhitzen, Zwiebel, Knoblauch und Ingwer darin bei mittlerer Hitze glasig dünsten. Grünkohl dazugeben, mit Salz, Pfeffer und Curry würzen und unter Rühren bei starker Hitze 5 bis 6 Minuten dünsten, bis der Kohl zusammenfällt. Nach etwa 4 Minuten die Apfelstücke und 5 EL Wasser hinzufügen und fertig garen. Grünkohl salzen, pfeffern und mit den Puffern servieren.

CHILI SIN CARNE MIT GUACAMOLE

PAPRIKA | SÜSSKARTOFFEL | KIDNEYBOHNEN | AVOCADO

Der Tex-Mex-Hit mal ohne Fleisch! Ich liebe diese rein pflanzliche Variante, weil sie sich blitzschnell und wirklich einfach mit simplen Zutaten aus dem Vorrat zubereiten lässt. Dabei schmeckt sie unglaublich würzig und liefert viel wertvolles Eiweiß.

Für 4 Personen:

2 gelbe Paprikaschoten

2 Stangen Staudensellerie

1 Süßkartoffel (ca. 400 g)

2 rote Zwiebeln

2 Knoblauchzehen

2 EL Olivenöl

1 ½ EL Chiligewürz

Salz, Pfeffer aus der Mühle

1 EL Tomatenmark

2 Dosen stückige Tomaten (à 400 g)

300 ml glutenfreie Gemüsebrühe

1 Dose Kidneybohnen (250 g Abtropfgewicht)

1 Dose braune Linsen (265 g Abtropfgewicht)

1 Bund Koriandergrün

½ Bio-Zitrone

1 Avocado

Zubereitung: 1 Stunde
Pro Portion ca. 460 kcal, 18 g EW, 14 g F, 56 g KH

1 Paprika, Sellerie und Süßkartoffel waschen, putzen oder schälen und alles in etwa 1 cm große Würfel schneiden. Zwiebeln und Knoblauch schälen, Zwiebeln grob, Knoblauch fein würfeln. Das Öl in einem großen Topf erhitzen, Paprika, Sellerie, Süßkartoffel und Zwiebeln darin bei mittlerer Hitze etwa 5 Minuten anbraten, dabei gelegentlich wenden. Knoblauch und Chiligewürz zum Gemüse geben, salzen, pfeffern und kurz andünsten. Tomatenmark, Tomaten und Brühe hinzufügen und aufkochen. Alles bei milder Hitze offen etwa 20 Minuten köcheln lassen.

2 Kidneybohnen und Linsen in ein Sieb abgießen, kalt abbrausen und abtropfen lassen. Im Gemüseeintopf bei milder Hitze etwa 5 Minuten mitkochen.

3 Für den Dip den Koriander abbrausen, trocken schütteln, die Blätter abzupfen und hacken. Die Zitrone heiß waschen, abtrocknen, die Schale fein abreiben und 1 bis 2 EL Saft auspressen. Die Avocado halbieren, den Stein entfernen, das Fruchtfleisch aus der Schale heben und mit einer Gabel zerdrücken. Mit Zitronensaft und -schale sowie Koriander verrühren, mit Salz und Pfeffer würzen.

4 Den Eintopf nochmals abschmecken, auf Schalen oder tiefe Teller verteilen und den Avocado-Dip dazu servieren.

GRÜNES GEMÜSECURRY MIT KICHERERBSEN

ROMANESCO | SPARGEL | KOKOSMILCH | ROTE CURRYPASTE

Mein Lieblings-Thaicurry: Grüner Spargel, Romanesco und Kohlrabi baden mit Zuckerschoten und Kichererbsen in cremiger Kokossauce. Am liebsten nehme ich rote Currypaste, die ist schön würzig und leicht scharf. Der Koriander gibt dem Ganzen die nötige Frische.

Für 4 Personen:

4 Schalotten

2 Knoblauchzehen

1 Stück Ingwer (ca. 30 g)

1 Romanesco (ca. 600 g)

300 g grüner Spargel

1 Kohlrabi (ca. 300 g)

200 g Zuckerschoten

2 EL Rapsöl

2 TL gemahlener Koriander

4 TL rote Thai-Currypaste

1 Dose Kokosmilch (400 g)

250 ml glutenfreie Gemüsebrühe

1 Dose Kichererbsen (265 g Abtropfgewicht)

100 g TK-Erbsen

1 Bund Koriandergrün

2 EL Limettensaft

Salz, Pfeffer aus der Mühle

Zubereitung: 45 Minuten

Pro Portion ca. 520 kcal, 17 g EW, 33 g F, 36 g KH

1 Die Schalotten schälen und vierteln. Knoblauch und Ingwer schälen und fein würfeln. Romanesco waschen, putzen und in etwa 3 cm große Röschen schneiden. Spargel waschen, im unteren Drittel schälen, dabei die holzigen Enden abschneiden. Die Stangen schräg in 4 bis 5 cm breite Stücke schneiden. Kohlrabi putzen, schälen und etwa 1 cm groß würfeln. Zuckerschoten waschen und schräg halbieren.

2 In einem breiten Topf das Öl erhitzen, Schalotten, Knoblauch und Ingwer darin bei mittlerer Hitze 2 bis 3 Minuten andünsten. Korianderpulver und Currypaste dazugeben und kurz andünsten. Kokosmilch und Brühe angießen, alles zugedeckt aufkochen und bei milder Hitze etwa 10 Minuten köcheln lassen.

3 Dann Romanesco, Spargel und Kohlrabi hinzufügen und das Curry zugedeckt etwa 7 Minuten köcheln lassen. Die Kichererbsen abgießen, in einem Sieb abspülen und abtropfen lassen. Mit den Zuckerschoten und Erbsen unter das Curry mischen, kurz aufkochen und offen bei milder Hitze 3 bis 4 Minuten köcheln lassen.

4 Den Koriander abbrausen, trocken schütteln, Blätter abzupfen und grob schneiden. Das Curry mit Limettensaft, Salz und Pfeffer würzen. Zum Servieren auf Schalen verteilen und mit den Kräutern bestreut servieren. Dazu schmeckt Vollkorn-Basmatireis.

SOBANUDELSUPPE MIT PAK CHOI UND LACHS

LACHS | EDAMAME | BABY-PAK-CHOI | INGWER

Japan lässt grüßen: Eine aromatische Brühe mit Lachsfilet, Edamame, Shiitake-Pilzen,
Buchweizennudeln und knackig-zartem Kohl – das ist Fitness-Food vom Feinsten.
Löffel für Löffel lädst du hier genussvoll deinen Akku wieder auf.

Für 4 Personen:

400 g Lachsfilet
(ohne Haut)

1 rote Chilischote

4 EL glutenfreie Sojasauce
(z. B. Tamari)

1 Bund Frühlingszwiebeln

1 rote Spitzpaprikaschote

100 g Shiitake-Pilze

300 g Baby-Pak-Choi

30 g Ingwer

150 g Edamamekerne
(frisch oder TK)

120 g Sobanudeln (japa-
nische Buchweizennudeln)

Salz

2 EL ungeschälter Sesam

1,2 l glutenfreie
Gemüsebrühe

Zubereitung: 45 Minuten

Pro Portion ca. 490 kcal,
32 g EW, 23 g F, 23 g KH

1 Das Lachsfilet waschen, trocken tupfen und in mundgerechte Stücke schneiden. Chilischote längs halbieren, putzen, entkernen und fein würfeln, mit 2 EL Sojasauce verrühren und den Lachs darin wenden.

2 Die Frühlingszwiebeln waschen, putzen, das Weiße und Hellgrüne in etwa 5 cm breite Stücke schneiden. Paprika längs halbieren, entkernen, waschen und in etwa 2 cm große Stücke schneiden. Pilze putzen, je nach Größe halbieren oder vierteln. Den Pak Choi waschen, putzen und abtropfen lassen, Stiele in feine Streifen schneiden, Blätter grob schneiden. Ingwer schälen und in feine Stifte schneiden. Frische Edamame waschen und abtropfen lassen, gefrorene antauen lassen.

3 Die Nudeln in kochendem Salzwasser nach Packungsanweisung garen, abgießen, kalt abschrecken und abtropfen lassen. Sesam in einer Pfanne ohne Fett goldbraun rösten. Auf einem Teller abkühlen lassen.

4 Die Brühe in einem großen Topf mit dem Ingwer aufkochen und etwa 5 Minuten ziehen lassen. Erneut aufkochen, Paprika, Pak-Choi-Stiele, Pilze und Lachs samt Marinade dazugeben und die Suppe halb zugedeckt bei milder Hitze etwa 10 Minuten ziehen lassen. Mit der übrigen Sojasauce würzen. Edamame, Pak-Choi-Blätter, Frühlingszwiebeln und Nudeln dazugeben, 2 bis 3 Minuten erhitzen. Die Suppe in Schalen anrichten und mit Sesam bestreut servieren.

ROSMARINHÄHNCHEN AUF SCHMORGEMÜSE

AUBERGINE | PAPRIKA | ZUCCHINI | FENCHELSAMEN

Sich eben mal in den Urlaub ans Mittelmeer träumen? Mit meiner heiß geliebten Ratatouille aus der Pfanne ist das überhaupt kein Problem! Und das Hähnchen macht ein richtig tolles Sonntagsessen daraus, das Groß und Klein gleichermaßen schmeckt.

Für 4 Personen:

4 Hähnchenbrustfilets (à ca. 160 g)

2 Zweige Rosmarin

5 EL Olivenöl

Salz, Pfeffer aus der Mühle

1 mittelgroße Aubergine

je 1 große rote und gelbe Paprikaschote

400 g Zucchini

2 rote Zwiebeln

2 Knoblauchzehen

500 g Tomaten

1 TL zerstoßene Fenchelsamen

2 EL Balsamico bianco

½ Bund Petersilie

3 Stiele Basilikum

Zubereitung: 50 Minuten

Pro Portion ca. 370 kcal, 43 g EW, 15 g F, 13 g KH

1 Das Fleisch waschen und trocken tupfen. Rosmarin abbrausen, die Nadeln von einem Zweig abstreifen, hacken und mit 1 EL Öl, Salz und Pfeffer verrühren. Das Fleisch damit beidseitig einpinseln.

2 Backofen auf 160 °C vorheizen. Aubergine, Paprika und Zucchini waschen und putzen. Aubergine und Paprika in mundgerechte Stücke schneiden, Zucchini längs halbieren oder vierteln und in etwa 1 cm breite Scheiben schneiden. Zwiebeln schälen, halbieren und in feine Streifen schneiden. Knoblauch schälen und fein würfeln. Tomaten waschen, vom Stielansatz befreien und würfeln. Inzwischen eine ofenfeste Pfanne erhitzen, die Hähnchenbrustfilets darin bei mittlerer Hitze auf beiden Seiten 5 bis 6 Minuten goldbraun anbraten. Dann im heißen Ofen auf der mittleren Schiene 10 bis 12 Minuten weiterbraten.

3 Das übrige Öl in einer großen beschichteten Pfanne erhitzen. Zwiebeln und Knoblauch bei mittlerer bis starker Hitze etwa 3 Minuten anbraten. Fenchel, Paprika und übrigen Rosmarinzweig dazugeben, unter Wenden etwa 2 Minuten mitbraten. Aubergine und Zucchini etwa 5 Minuten mitbraten, salzen und pfeffern. Tomaten untermischen, etwa 5 Minuten offen schmoren. Mit Essig, Salz und Pfeffer abschmecken. Petersilie und Basilikum abbrausen, trocken schütteln, die Blätter abzupfen und hacken. Fleisch aus dem Ofen nehmen, schräg in Scheiben schneiden. Mit dem Gemüse und mit Kräutern bestreut servieren.

KÜRBIS-PILZ-LASAGNE

ZWIEBELN | TOMATEN | BERGKÄSE | VOLLKORNNUDELN

Das perfekte Familienessen: Die Veggie-Lasagne mit aromatischer Pilz-Bolognese
und cremiger Bechamelsauce lässt sich prima vorbereiten. Während sie im Ofen brutzelt,
bereite ich entspannt einen Blattsalat mit Vinaigrette vor.

Für 4 Personen:

700 g Hokkaido-Kürbis

300 g braune Champignons

2 Zwiebeln

2 Knoblauchzehen

3 EL Olivenöl

650 ml Gemüsebrühe

1 Dose stückige Tomaten
(400 g)

1 TL rosenscharfes
Paprikapulver

1 TL getrockneter Thymian

Salz, Pfeffer aus der Mühle

30 g Butter

30 g Dinkelmehl (Type 1050)

250 ml Milch (1,5 % Fett)

50 g Bergkäse

30 g Kürbiskerne

250 g Vollkorn-Lasagne-
blätter (ohne Vorkochen)

Zubereitung: 35 Minuten

Backen: 45 Minuten

Pro Portion ca. 610 kcal,
24 g EW, 27 g F, 59 g KH

1 Für die Kürbissauce den Kürbis waschen, putzen, entkernen und ungeschält grob raspeln. Pilze putzen und in kleine Würfel schneiden. Zwiebeln und Knoblauch schälen und fein würfeln. 2 EL Öl in einem großen Topf erhitzen, die klein geschnittenen Zutaten darin bei mittlerer Hitze 4 bis 5 Minuten andünsten. 400 ml Brühe und die Tomaten dazugeben, mit Paprikapulver, Thymian, Salz und Pfeffer würzen. Die Sauce aufkochen und offen bei mittlerer Hitze etwa 10 Minuten köcheln lassen.

2 Für die Béchamelsauce die Butter in einem Topf zerlassen. Mehl darüberstäuben und kurz andünsten. Milch und übrige Brühe angießen, mit dem Schneebesen glattrühren, aufkochen und bei milder Hitze etwa 5 Minuten köcheln lassen. Mit Salz und Pfeffer würzen.

3 Den Backofen auf 200 °C vorheizen. Käse reiben, Kürbiskerne grob hacken. Eine Auflaufform (ca. 30 x 25 cm) mit dem übrigen Öl auspinseln. Etwas Kürbissauce einschichten, mit Lasagneblättern bedecken. Erneut Kürbissauce darauf verteilen, mit etwas Béchamelsauce bedecken. Mit beiden Saucen und Nudelplatten so fortfahren, bis alles aufgebraucht ist. Als letzte Schicht mit Béchamelsauce abschließen und mit Käse und Kürbiskernen bestreuen. Die Lasagne im heißen Ofen auf der mittleren Schiene etwa 45 Minuten backen. Aus dem Ofen nehmen und vor dem Anschneiden 5 Minuten ruhen lassen. Nach Belieben zum Servieren mit grob gehackter Petersilie bestreuen.

SPITZKOHLFLAMMKUCHEN

VOLLKORNMEHL | MÖHREN | FRISCHKÄSE | SHISO-KRESSE

Was für ein Kracher! Ich bestreiche den Vollkorn-Hefeteig erst mit würzigem Senf-Frischkäse und belege ihn dann mit feinen Kohlstreifen, Möhren und Radieschen. Am liebsten genieße ich den knusprigen Spaß frisch aus dem Ofen, von der Hand in den Mund ...

Für 4 Stück:

20 g frische Hefe

275 g Dinkelvollkornmehl

125 ml Buttermilch

4 EL Olivenöl

Salz

250 g Möhren

250 g Spitzkohl

200 g Frischkäse
(Halbfettstufe)

2 TL mittelscharfer Senf

Pfeffer aus der Mühle

100 g Radieschen

1 Beet Shiso-Kresse

Zubereitung: 70 Minuten

Gehen: 2 Stunden

Backen: insgesamt
28 Minuten (6–7 Minuten
pro Flammkuchen)

Pro Portion ca. 450 kcal,
19 g EW, 16 g F, 53 g KH

1 Für den Teig die Hefe zerbröckeln und in 5 EL warmem Wasser auflösen. In einer Schüssel mit Mehl, Buttermilch, 2 EL Öl und 1 TL Salz mit den Knethaken des Handrührgeräts zu einem glatten Teig verkneten. Den Teig zu einer Kugel formen und zugedeckt an einem warmen Ort 2 Stunden gehen lassen.

2 Möhren putzen, schälen und schräg in dünne Scheiben schneiden. In kochendem Salzwasser in 4 bis 5 Minuten bissfest garen. Abgießen, kalt abschrecken und gut abtropfen lassen. Spitzkohl waschen, putzen, längs halbieren und in dünne Streifen schneiden. Mit Salz bestreuen und die Kohlstreifen etwa 2 Minuten kneten. Den Frischkäse mit Senf und Pfeffer in einer Schüssel cremig verrühren.

3 Den Backofen mit einem Backblech auf der untersten Schiene auf 250 °C vorheizen. Den Teig mit den Händen gut durchkneten und in vier Portionen teilen. Jedes Teigstück auf einem Bogen Backpapier dünn ausrollen. Jeden Teigfladen mit einem Viertel der Senfcreme bestreichen, mit einem Viertel der Möhren und des Spitzkohls belegen. Die Fladen samt Backpapier auf das Blech ziehen, im heißen Ofen 6 bis 7 Minuten backen.

4 Radieschen waschen, putzen und in Scheiben schneiden. Die Flammkuchen aus dem Ofen nehmen, jeweils mit einem Viertel der Radieschen und Kresse belegen. Salzen, pfeffern und mit dem übrigen Öl beträufeln.

SÜSSES

Weil ich selbst mit drei Naschkatzen zusammenlebe, weiß ich, dass gesunde Süßspeisenrezepte manchmal „überlebenswichtig" sind. Und ich schwöre euch: Bisher habe ich mit meinen Sweeties noch jeden Heißhunger auf Zucker gestillt.

ROTE GRÜTZE MIT CASHEW-VANILLE-SAUCE

BEEREN | KIRSCHSAFT | HAFERJOGHURT | VANILLE

Gerade lachen euch überall rote Beeren an? Dann greift am besten gleich zu und versenkt die kleinen Aromaknüller in einer leckeren Grütze. Mit einer cremigen Cashew-Vanille-Sauce wird daraus ein veganer Desserttraum, der alle glücklich macht.

Für 4 Personen:

100 g Cashewkerne

je 125 g Rote und Schwarze Johannisbeeren

200 g Erdbeeren

200 g Himbeeren

150 ml Sauerkirschsaft

1 TL Agar-Agar

75 g Vollrohrzucker (z. B. Muscovado)

1 Zimtstange

300 g Haferjoghurt

2 EL Ahornsirup

½ TL gemahlene Vanille

125 ml ungesüßter Haferdrink

Zubereitung: 40 Minuten

Abkühlen: 2 Stunden

Einweichen: 1 Stunde

Pro Portion ca. 400 kcal, 10 g EW, 14 g F, 48 g KH

1 Die Cashewkerne in einer Schüssel mit kochend heißem Wasser bedecken und etwa 1 Stunde einweichen.

2 Für die Grütze die Johannisbeeren waschen, abtropfen lassen und von den Rispen streifen. Die Erdbeeren waschen, putzen und je nach Größe halbieren oder vierteln. Die Himbeeren verlesen und kurz abbrausen. Kirschsaft und 150 ml Wasser mit Agar-Agar und Zucker in einem Topf verrühren, die Zimtstange dazugeben und aufkochen. Johannisbeeren hinzufügen und etwa 2 Minuten köcheln lassen. Vom Herd nehmen, die Fruchtmasse in eine Schüssel umfüllen. Erdbeeren und Himbeeren unterheben. Die Grütze abkühlen lassen, danach die Zimtstange entfernen.

3 Für die Vanillesauce die Cashewkerne abgießen, abtropfen lassen und im Mixer mit Haferjoghurt, Ahornsirup, Vanille und Haferdrink zu einer feinen Creme mixen.

4 Die Rote Grütze auf Schalen verteilen und mit der Cashew-Vanille-Sauce servieren.

BUTTERMILCHMOUSSE MIT OBST-SALSA

SAHNE | ERDBEEREN | KIWI | MANDELN

Hello Sweeties, mit diesem Dessert könnt ihr euch wie auf Wolke sieben fühlen.
Die luftige Mousse bekommt noch ein Topping aus gerösteten Mandeln, Erdbeeren, Kiwis
oder anderem Obst, das ihr gerade im Haus habt. Und dann heißt es: ran an die Löffel!

Für 4 Personen:

½ Bio-Orange

60 g Vollrohrzucker (z.B. Muscovado)

1 Pck. vegetarisches Geliermittel (16 g)

300 ml Buttermilch (max. 1 % Fett)

150 g Sahne

2 EL gehobelte Mandeln

2 Kiwis

150 g Erdbeeren

2 TL Zitronensaft

2 TL flüssiger Akazienhonig

Zubereitung: 30 Minuten
Kühlen: 2½ Stunden
Pro Portion ca. 310 kcal, 6 g EW, 15 g F, 31 g KH

1 Die Orange heiß waschen, abtrocknen, die Schale fein abreiben und den Saft auspressen. Orangenschale und -saft mit Zucker und Geliermittel in einem kleinen Topf verrühren, erhitzen und etwa 2 Minuten bei milder Hitze köcheln lassen. Vom Herd nehmen, nach und nach die Buttermilch einrühren. Die Masse in eine Schüssel umfüllen und etwa 30 Minuten kalt stellen, bis sie anfängt zu gelieren.

2 Die Sahne steif schlagen. Die Buttermilchcreme durchrühren und die Sahne vorsichtig unterheben. Die Mousse auf vier Schalen oder Gläser verteilen und mindestens 2 Stunden kalt stellen.

3 Die Mandeln in einer kleinen beschichteten Pfanne ohne Fett goldbraun anrösten, vom Herd nehmen und auf einem Teller abkühlen lassen.

4 Die Kiwis schälen und in kleine Würfel schneiden. Die Erdbeeren waschen, putzen und ebenfalls klein würfeln. Kiwi- und Erdbeerwürfel mit Zitronensaft und Honig vorsichtig mischen. Die Obst-Salsa kurz vor dem Servieren auf der Buttermilchmousse verteilen. Mit den gerösteten Mandelblättchen bestreut servieren.

KLEINE SCHOKOTRÄUME ...

... werden wahr, wenn sich geschmolzene Schokolade mit Banane und Kokosraspeln oder Avocado und Vanille cremig verbindet oder als kugeliges Schoko-Eis in der Dessertschale landet. Gönnt euch ab und zu einen süßen Soulfood-Moment und genießt vegane Kleinigkeiten, die auf der Zunge zergehen. Ideal auch für Gäste, weil sich die Schokoträume gut vorbereiten lassen.

SCHOKO-KOKOS-BANANE

Für 4 Personen: 100 g vegane Zartbitterschokolade (mind. 70 % Kakao) hacken und über einem heißen Wasserbad schmelzen. 2 große Bananen schälen, jeweils in 4 schräge Stücke schneiden und diese vorsichtig auf 4 Holzspieße stecken. Die Bananenspieße mithilfe eines Löffels mit Schokolade überziehen und mit 2 EL Kokosraspeln bestreuen. Auf Backpapier legen und fest werden lassen.

Zubereitung: 15 Minuten
Pro Portion ca. 190 kcal, 4 g EW, 7 g F, 25 g KH

AVOCADO-SCHOKO-MOUSSE

Für 4 Personen: 100 g vegane Zartbitterschokolade (mind. 70 % Kakao) hacken, über einem heißen Wasserbad schmelzen. Etwas abkühlen lassen. 2 Avocados halbieren, entkernen und das Fruchtfleisch mit einem Esslöffel aus der Schale heben. Mit 1 EL Limettensaft in einem hohen Rührbecher mit dem Stabmixer fein pürieren. Flüssige Schokolade, 50 ml glutenfreie Hafersahne, 1 EL schwach entöltes Kakaopulver und 1 TL Vanilleextrakt zum Avocadopüree geben und kurz untermixen. Die Mousse in vier Schalen oder Gläser füllen und mindestens 2 Stunden kalt stellen. 1 EL Pistazienkerne vor dem Servieren grob hacken. 4 kleine Feigen waschen, in Spalten schneiden und die Mousse damit garnieren. Mit Pistazien bestreut servieren.

Zubereitung: 20 Minuten
Pro Portion ca. 270 kcal, 6 g EW, 16 g F, 21 g KH

SCHOKOLADEN-CASHEW-EIS

Für 700 ml: 200 g vegane Zartbitterschokolade (mind. 70 % Kakao) in Stücke hacken. Mit 1 EL schwach entöltem Kakaopulver und 250 ml ungesüßtem Cashewdrink in einem kleinen Topf bei milder Hitze erwärmen und verrühren, bis die Schokolade geschmolzen ist. Danach 5 EL Rapsöl, 250 ml Sojacreme Cuisine und ½ TL gemahlene Vanille dazugeben und gut unterrühren. Die Schokomasse abkühlen lassen. Anschließend in eine Eismaschine füllen und 30 bis 45 Minuten cremig gefrieren lassen. Alternativ die Eismasse in einer Metallschüssel im Tiefkühlfach etwa 6 Stunden einfrieren, dabei die Masse etwa alle 90 Minuten mit einer Gabel durchrühren. Zum Servieren von dem Schokoladeneis mit einem Eisportionierer Kugeln abstechen, in Schalen anrichten und sofort servieren.

Zubereitung: 20 Minuten

*Einfrieren: 30–45 Minuten (Eismaschine)
oder 6 Stunden (Tiefkühlfach)*

*Pro Portion (100 ml) ca. 280 kcal,
5 g EW, 20 g F, 16 g KH*

CHIA-LIMETTEN-COOKIES

CASHEWMUS | HIRSEFLOCKEN | KOKOSRASPEL | REISSIRUP

---

*Ich liebe Kekse. Das Geheimnis dieser soften Cookies sind cremiges Cashewmus,
Mandeln und Chia-Samen. Deren ungesättigte Fettsäuren und das enthaltene Vitamin E
schützen Herz, Gefäße und Zellen. Hier könnt ihr also mit gutem Gewissen naschen.*

Für 30 Stück:

120 g Cashewmus

75 g Reissirup

60 g natives Kokosöl

Salz

*75 g glutenfreie zarte
Haferflocken*

75 g Hirseflocken

60 g Kokosraspel

30 g gemahlene Mandeln

30 g Chia-Samen

2 Bio-Limetten

40 g Cashewkerne

Zubereitung: 25 Minuten

Kühlen: 30 Minuten

Backen: 24 Minuten

*Pro Stück ca. 100 kcal,
2 g EW, 7 g F, 7 g KH*

1 In einer Schüssel Cashewmus, Reissirup, Kokosöl und Salz mit den Quirlen des Handrührgeräts gut verrühren. Die Hafer- und Hirseflocken, Kokosraspel, Mandeln und Chia-Samen kurz unterrühren.

2 Die Limetten heiß waschen, abtrocknen und die Schale fein abreiben, 2 EL Limettensaft auspressen. Limettenschale und -saft zum Schluss unter den weichen Teig rühren. Den Teig mit den Händen zu einer Kugel formen und etwa 30 Minuten kalt stellen.

3 Den Backofen auf 180 °C vorheizen. Den Teig mit den Händen zu walnussgroßen Kugeln formen. Die Teigkugeln mit ausreichend Abstand zueinander auf zwei mit Backpapier belegte Bleche setzen und etwas flach drücken. Die Cashewkerne hacken und darüberstreuen. Die Limetten-Cookies im heißen Ofen auf der zweiten Schiene von unten nacheinander etwa 12 Minuten backen.

4 Die Cookies auf den Blechen auf einem Kuchengitter abkühlen lassen. In einer Keksdose aufbewahren – sie halten sich 1 bis 2 Wochen.

FEIGEN-BANANEN-RIEGEL

CRANBERRIES | HAFERFLOCKEN | HANFSAMEN | SESAM

Durchhänger? Dann schnappt euch einen Powerriegel! Knusprig, nussig und fruchtig macht der euch fit, stillt den kleinen Hunger und füllt die leeren Energiespeicher im Nu wieder auf – ganz ohne raffinierten Zucker. Der ultimative Snack für unterwegs.

Für 24 Stück:

100 g getrocknete Feigen

20 g getrocknete Cranberries (ohne Zucker)

2 Bananen

150 g glutenfreie zarte Haferflocken

50 g gemahlene Haselnüsse

50 g ungeschälter Sesam

50 g geschälte Hanfsamen

2 TL Zimtpulver

1 TL gemahlene Vanille

30 g natives Kokosöl

Zubereitung: 25 Minuten

Backen: 1 Stunde

Pro Stück ca. 100 kcal, 2 g EW, 5 g F, 8 g KH

1 Den Backofen auf 160 °C vorheizen. Die Feigen in kleine Würfel schneiden. Die Cranberries fein hacken. Die Bananen schälen, grob schneiden und mit einer Gabel zerdrücken. Das Bananenpüree mit den Haferflocken, Nüssen, Sesam, Hanfsamen, Feigen und Cranberries in eine Schüssel geben. Zimt, Vanille und Kokosöl dazugeben und alles mit einem Kochlöffel gut verrühren.

2 Ein Backblech mit Backpapier belegen und die Bananen-Feigen-Masse darauf mithilfe eines Teigspachtels zu einem gleichmäßig hohen Rechteck (ca. 32 x 24 cm) ausstreichen. Im heißen Ofen auf der mittleren Schiene etwa 30 Minuten goldbraun backen.

3 Das Blech aus dem Ofen nehmen und die Ofentemperatur auf 120 °C reduzieren. Die Teigplatte auf dem Blech in 24 Rechtecke (à ca. 4 x 8 cm) schneiden und im Backofen bei leicht geöffneter Tür etwa 30 Minuten trocknen lassen.

4 Die Riegel auf dem Blech auf einem Kuchengitter vollständig auskühlen lassen. In einer Blechdose an einem kühlen und trockenen Ort aufbewahren, dann sind die Riegel 3 Wochen haltbar.

BANANENBROT-MUFFINS

HAFERFLOCKEN | HASELNÜSSE | CHIA-SAMEN | JOHANNISBEEREN

Banana-Bread-Minis sind mein Lieblingsgebäck. Mit Nüssen, Haferflocken und Johannisbeeren gelingen sie saftig und unglaublich lecker. Extra Zucker? Braucht ihr nicht! Die Süße aus Bananen reicht für das gesunde Naschvergnügen vollkommen aus.

Für ein 12er-Muffinblech:

12 Muffin-Papierförmchen

2 EL Chia-Samen

50 g Haselnusskerne

4 reife Bananen (ca. 600 g)

2 TL Zitronensaft

125 ml ungesüßter Mandeldrink

80 ml Rapsöl

300 g glutenfreie zarte Haferflocken

3 TL Weinstein-Backpulver

Salz

1 TL Zimtpulver

100 g Rote Johannisbeeren

Zubereitung: 30 Minuten

Backen: 20–25 Minuten

Pro Stück ca. 230 kcal, 5 g EW, 12 g F, 23 g KH

1 Den Backofen auf 180 °C vorheizen. Die Mulden des Muffinblechs mit den Papierförmchen auslegen. Die Chia-Samen in 4 EL Wasser einrühren und etwa 15 Minuten quellen lassen. Die Nüsse hacken. Bananen schälen, in grobe Stücke schneiden und mit dem Zitronensaft, Mandeldrink und Öl im Mixer oder in einem hohen Rührbecher mit dem Stabmixer fein pürieren.

2 Von den Haferflocken 1 EL abnehmen und beiseitestellen. Übrige Flocken im Blitzhacker fein mahlen, mit Backpulver, 1 Prise Salz und dem Zimt in einer Rührschüssel mischen. 40 g Haselnüsse und das Chia-Gel dazugeben, das Bananenmus dazugießen und alles mit den Quirlen des Handrührgeräts gründlich verrühren. Die Johannisbeeren abbrausen, Beeren von den Rispen streifen, trocken tupfen und vorsichtig unter den Teig heben.

3 Den Teig in die Mulden der Muffinform füllen, mit den abgenommenen Haferflocken und den übrigen Nüssen bestreuen. Im heißen Ofen auf der mittleren Schiene 20 bis 25 Minuten backen. Dann die Muffins aus dem Ofen nehmen und auf einem Kuchengitter etwa 5 Minuten abkühlen lassen. Aus den Mulden lösen und vollständig auskühlen lassen.

AVOCADO-BEEREN-TORTE

AMARANTHPOPS | MANDELN | LIMETTEN | KOKOSJOGHURT

Diese Torte mit limettenfrischer Avocadocreme auf Schokoknusperboden ist bei uns der Sommerknüller – vor allem, wenn zum Schluss noch viele frische Beeren darauf landen. Ich muss dann echt schnell sein, um mir selbst noch ein Stück zu sichern.

Für 1 Springform (ca. 24 cm Durchmesser; 12 Stücke)

1½ EL Rapsöl

100 g Mandeln

150 g vegane Bitterschokolade (mind. 70 % Kakao)

50 g gepuffter Amaranth

2 TL Agar-Agar

300 g Kokosjoghurt natur

200 g Reissirup

3 Avocados (ca. 600 g)

2 Bio-Limetten

250 g gemischte Beeren (z. B. Blaubeeren, Himbeeren, Rote Johannisbeeren)

2 Stiele Minze

Zubereitung: 45 Minuten

Kühlen: 30 Minuten + 5 Stunden (am besten über Nacht)

Pro Stück ca. 275 kcal, 6 g EW, 15 g F, 27 g KH

1 Den Boden der Form mit Backpapier auslegen. Den Springformrand mit ½ EL Öl einölen. Mandeln und Schokolade getrennt hacken. Die Schokolade mit dem übrigen Öl über dem heißen Wasserbad schmelzen. Vom Herd nehmen, Mandeln und Amaranthpops dazugeben und untermischen. Die Mischung in die Springform geben, gleichmäßig auf dem Boden verteilen und andrücken. Den Boden etwa 30 Minuten kalt stellen.

2 Für die Avocadocreme 300 ml kaltes Wasser mit dem Agar-Agar in einem kleinen Topf verrühren und etwa 5 Minuten bei mittlerer Hitze kochen. Vom Herd nehmen, in eine Schüssel umfüllen, Joghurt und Reissirup unterrühren. Die Avocados halbieren, entkernen, das Fruchtfleisch aus der Schale lösen und in einen hohen Rührbecher geben. Die Limetten heiß waschen, abtrocknen, die Schale fein abreiben und 7 EL Limettensaft auspressen. Limettenschale und -saft in den Rührbecher geben und die Avocados mit dem Stabmixer fein pürieren. Das Avocadopüree unter die Joghurtmasse rühren. Die Creme auf dem Teigboden verteilen, glatt streichen und mindestens 5 Stunden, am besten über Nacht, kalt stellen.

3 Die Torte kurz vor dem Servieren aus der Springform lösen und auf eine Tortenplatte setzen. Beeren verlesen und kurz abbrausen. Minze waschen, Blätter abzupfen. Die Torte mit Beeren und Minze garnieren.

REZEPTREGISTER

ZU DER AUTORIN

Monica Meier-Ivancan ist Model, Influencerin, Ernährungsberaterin, Pilatestrainerin, Autorin und Mutter zweier zauberhafter Kinder. Damit ihr die dafür nötige Energie nicht ausgeht, ernährt sie sich seit über zehn Jahren basisch und fühlt sich heute jünger und fitter als mit 20. Längst hat Deutschlands erste „Bachelorette" nicht nur ihre Familie mit ihrer Begeisterung für die basische Küche angesteckt. Bei ihren jährlichen „Fit-in-den-Frühling"-Wochen sowie auf Instagram und Facebook versorgt sie auch ihre zahlreichen Fans regelmäßig mit Tipps und Ratschlägen zu den Themen Ernährung, Gesundheit und Fitness – und natürlich auch dazu, wie man den Säure-Basen-Haushalt genussvoll im Gleichgewicht hält (*www.monica-ivancan.de*).

BILDNACHWEIS

Shutterstock: S. 20, 21, 22, 23, 24, 25, 27

FOODFOTOS

Im Buch enthaltene Fotos können zur eigenen Nutzung erworben werden unter **www.stockfood.de**

IMPRESSUM

Hinter jedem tollen Buch steckt ein starkes Team

Projektleitung: *Kathrin Ullerich*
Projektmitarbeit: *31Media GmbH, Stephan Strauß*
Texte: *Sylvie Hinderberger*
Rezeptentwicklung: *Martina Kittler*
Lektorat und Korrektorat: *Satzfabrik, Lisa Duhme*
Covergestaltung: *affaire populaire, Bianca Domula*
Grafisches Konzept, Gestaltung und Satz:
31Media GmbH, Stephanie Frantzius
Foodfotografie: *31Media GmbH, Ben Fuchs*
Foodstyling: *31Media GmbH, Rico Schacht, Marvin Busch, Hanne Schmidt*
Peoplefotografie: *Michael Wilfling*
Herstellung: *Frank Jansen*
Producing: *Jan Russok*
Druck & Bindung: *optimal media GmbH, Röbel*

2. Auflage 2022
© 2022 Edel Verlagsgruppe GmbH
Kaiserstraße 14 b
D-80801 München
ISBN: 978-3-96584-184-0

HINWEIS

Die Ratschläge in diesem Buch wurden mit größter Sorgfalt von Autorin und Verlag erarbeitet und geprüft. Eine Garantie kann jedoch nicht übernommen werden. Ebenso ist eine Haftung der Autorin bzw. des Verlags und seiner Beauftragten für Personen-, Sach- oder Vermögensschäden ausgeschlossen. Erkrankungen mit ernstem Hintergrund gehören in ärztliche Behandlung! Bei bereits bestehenden Beschwerden kann das Buch daher keinen fachärztlichen Rat ersetzen.

LIEBE LESER*INNEN

wie schön, dass Sie ein Buch von ZS in den Händen halten. „jetzt leben!" ist das Motto unseres Verlages. Es steht für Genuss und Inspiration, Unterstützung und Motivation. Ob Kulinarik oder Fitness, Gesundheit oder Lebenshilfe — seit über 30 Jahren bieten wir kompetente Ratgeber für (fast) alle Lebenslagen. Wir lieben Tradition genauso wie Innovation — sie treiben uns an. Unsere Autor*innen sind Menschen, die zu ihrem Thema wirklich etwas zu sagen und zu schreiben haben. Unsere Produkte sind erzählerisch, appetitmachend und als gedruckte Bücher haptisch echte Erlebnisse. Für Sie mit ganz viel Liebe gemacht! Entdecken Sie mehr aus unserer wunderbaren Welt!

UNSER VERLAGSHAUS

Mit Standorten in München, Hamburg und Berlin zählt die Edel Verlagsgruppe zu den größten unabhängigen Buchanbietern Deutschlands. Zur Edel Verlagsgruppe gehört unter anderem ZS mit seinen Lizenzmarken Dr. Oetker Verlag, Kochen & Genießen und Phaidon by ZS.

ZS – Ein Verlag der Edel Verlagsgruppe
www.zsverlag.de
www.facebook.com/zsverlag
www.instagram.com/zsverlag

FÜR DIE UMWELT

ZS unterstützt bei der Produktion dieses Buches das Projekt „Junge Riesen für die nächsten 100 Jahre" im Naturpark Nossentiner/Schwinzer Heide. Damit wird ein Anteil der unvermeidbaren CO_2-Emissionen im direkten Umfeld des Produktionsstandortes kompensiert.

PARTNER
Naturpark
Nossentiner/Schwinzer Heide
www.optimal-media.com/naturschutzprojekt-001

Man muss ja nicht gleich nach Indien fahren.

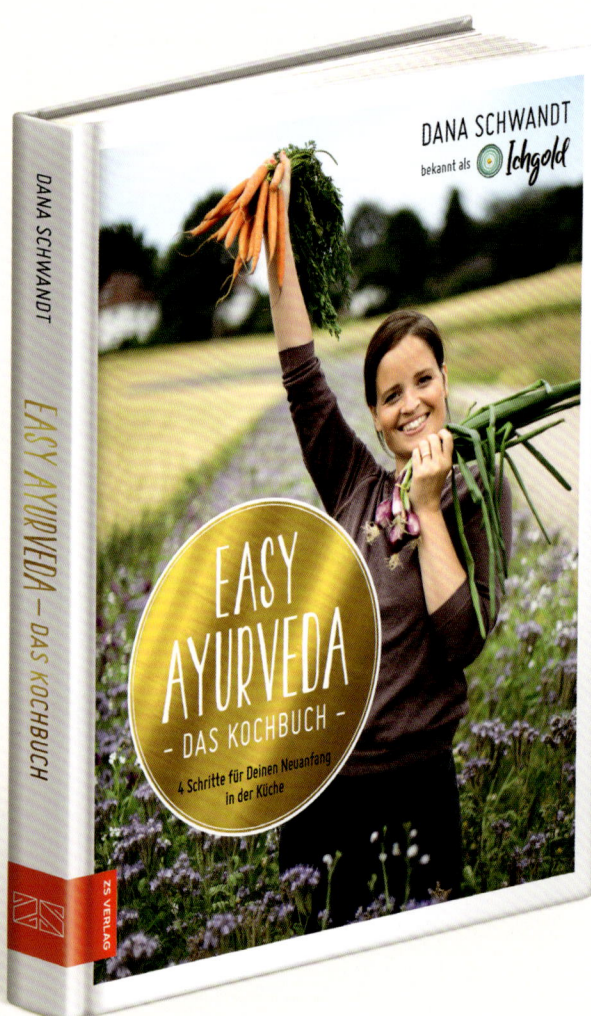

Dana Schwandt
**Easy Ayurveda —
Das Kochbuch**

24,99 € [D]
ISBN 978-3-96584-002-7

Das richtige Buch lesen hilft auch schon.

**Jetzt überall,
wo es gute Bücher gibt.**

Schluss mit der langen Rezeptsuche!

Sie suchen ein Rezept aus einem Ihrer vielen Kochbücher, wissen aber nicht mehr, in welchem Buch es steht? Kein Problem — die Rezept Scout-App verrät ganz schnell, welches Rezept wo zu finden ist.

MARKIEREN

Erstelle deine eigene Bibliothek — suche deine Kochbücher und speichere sie ab

FINDEN

Einfach Suchbegriff eingeben — und auf einen Blick entdecken, aus welchem Kochbuch die Rezepte sind

MERKEN

Lieblingsrezepte in der Merkliste speichern — und noch schneller finden